80后谐星趣谈日本战国史

[日]房野史典 / 著
枯山水 / 译

SPM 南方传媒 | 花城出版社
中国·广州

图书在版编目（CIP）数据

80后谐星趣谈日本战国史／（日）房野史典著；枯山水译. -- 广州：花城出版社，2023.7
ISBN 978-7-5360-9842-8

Ⅰ.①8… Ⅱ.①房… ②枯… Ⅲ.①日本－中世纪史－战国时代（日本） Ⅳ.①K313.34

中国国家版本馆CIP数据核字(2023)第037474号

合同版权登记号：图字19-2022-007号
"13 SAI NO KIMI TO SENGOKU JIDAI NO IKUSA NO HANASHI WO SHIYO" by FUMINORI BOUNO
Copyright © 2020 Fuminori Bouno
All Rights Reserved.
Original Japanese edition published by Gentosha Inc.
This Simplified Chinese Language Edition is published by arrangement with Gentosha Inc. through East West Culture & Media Co., Ltd., Tokyo

出 版 人：张　懿
责任编辑：刘玮婷　蔡　宇　徐嘉悦
审　　校：高海洋
责任校对：衣　然
技术编辑：凌春梅
装帧设计：小　斌

书　　名	80后谐星趣谈日本战国史
	80 HOU XIEXING QUTAN RIBEN ZHANGUO SHI
出版发行	花城出版社
	（广州市环市东路水荫路11号）
经　　销	全国新华书店
印　　刷	佛山市浩文彩色印刷有限公司
	（广东省佛山市南海区狮山科技工业园A区）
开　　本	880毫米×1230毫米　32开
印　　张	8　2插页
字　　数	219,000字
版　　次	2023年7月第1版　2023年7月第1次印刷
定　　价	50.00元

本书中文简体专有出版权归花城出版社独家所有，非经本社同意不得连载、摘编或复制。如发现印装质量问题，请直接与印刷厂联系调换。
购书热线：020-37604658　37592134
花城出版社网站：http://www.fcph.com.cn

前言

你现在是13岁吗?

无论是与否,我都要感谢你此时此刻捧起本书,且阅读到此处。在此向你献上诚挚的谢意,今后也请多多指教。

请勿担心,本书的主要功用是:

"简明易懂地介绍日本战国时代的'战争'"。

因此从内容上来说,适合各个年龄段的读者阅读。

将掰碎嚼烂后的内容完全以现代语呈现,年号这种晦涩的东西也全部跳过,最多会加入少许历史术语,重点是为读者们讲解日本战国时代的各种故事。一言以蔽之,这是一本非常基础的入门读物。

书中所列举的,都是非常有名的战争,无论是接下来将要学习历史的中学生,还是希望在学生时代学到的历史知识基础上更上一层楼的成年人,本书都能成为你们掌握"战国历史走向"的绝佳助力。

但如果你是持续关注最新研究动态的历史爱好者,请立刻前往专业书籍区物色适合自己的读物。

既然你已经将本书捧于手中,想必对于形形色色的历史以及日本战国时代都会有些许兴趣。当然,阅读这篇《前言》的读者之中,或许有些人至今脑中还有两种想法在"天人交战"——一种是"虽然对历史缺乏兴趣,但基于上进心,还是想多学点东西";另一种则是"果然还是提不起兴趣"。

前言

对于这类内心纠结的读者,在进入正文之前,且容我多说两句。

这世界上存在两类人。

其一是喜欢历史,或者说对历史感兴趣的人。

其二则是讨厌历史,或者说对历史没兴趣的人(这样看来,严格来说是四类人)。

讨厌或者没兴趣的原因,往往是"年号很烦""人名不知道怎么念""出现的各种术语太烦琐"之类,不过归纳起来其实就是一句话——"这些事与我无关",对不对?

历史上的事件与你无关,就算不了解信长[①]的生平,今天的饭菜依旧很香;就算不明白"太阁检地"[②]是啥,明天的太阳依旧会照常升起。

好吧,这么说倒也没错。

就算不了解历史以及战国时代的事件,貌似也丝毫不会影响你现在的人生。

可如果我说这两者之间其实是有关联性的呢?

如果因为不了解历史而吃了亏,又该如何是好呢?

尽管生活的时代不同,但假如你和历史人物所处状况有些相似呢?

或者历史人物的某些行为在现代社会依旧有参考性呢?

现代社会的走向扑朔迷离。

网络技术的发展带来了信息革命,但与此同时,自然灾害和大规模传染病依旧未曾消失。以前的人类恐怕谁都不曾体会过如此错综复杂的社会状况。

尽管问题的类型有差别,但"看不见尽头的战乱之世——战国时代"同样是一个未来扑朔迷离的时代。

即便如此,那些知名武将依旧能够矗立于乱成一锅粥的战国时代,故而其事迹肯定有不错的参考价值。

武将们拼尽全力，在残酷的时代之中驰骋纵横。如果用现代眼光回顾他们的事迹，大概会出现如下评论：

"那家伙的所作所为超引人注目的！""甲的部下乙居然叛变了?！""什么？丙和丁打起来了？之前不是一直关系挺好的吗？""喂，我说，戊上传的信息是不是有点太夸张了？"

无论是正面事迹还是负面事迹，都是足以上热搜的大事件。

这个时代里的失败也罢，成功也罢，正面也罢，负面也罢，均可谓活生生的教科书。

这可是武将们用生命谱写的燃情往事啊，要是错过了，不觉得有点可惜吗？

以上这些主要是写给对历史缺乏兴趣的读者们看的。

我的目的不是想让各位"喜欢上战国"，而是希望各位明白"稍微了解一下这些知识可能会有所裨益"。

说到最想和谁共享这些知识嘛……那还得是十来岁的年轻人。毕竟，在"未来扑朔迷离的现代社会"，他们才是主人公，我也正是出于这种考量定下了本书的书名（译注：本书的日文原名为"和13岁的你聊聊战国时代的战争故事"）（当然，年龄更小的孩子以及还未出生的孩子也一样会成为主人公）。

至于说为什么会强调"13岁"……这就有点说来话长了。具体内容放在《后记》细聊吧。

最后再赘言几句。

之所以选择"战争"作为主题，是因为"战争"能够关联日本战国时代方方面面的要素。

讲解"某某之战"的时候，势必会聊到登场人物、他们之间的关

前言

联性、战争的起因、战后的事态发展……林林总总，不一而足，只要将"战斗"捋清楚了，战斗之外的各种故事也能一窥全貌。

人生在世，胜败乃兵家常事。

没有人不"渴求胜利"，但世间不存在常胜将军。有时候人会一败再败，但"失败"其实也是十分珍贵的财富。

我们能够从"取胜之道"和"失败之因"中学到很多，而"战争"便是最好的教材。

今年13岁的你，今后13岁的你，曾经13岁的你，我们一起来聊聊日本战国时代的"战争"故事吧。

译注：

①指织田信长，日本战国时代到安土桃山时代的大名、"取天下者"，"日本战国三杰"之一。

②太阁检地是日本战国时代丰臣秀吉在日本全国推行的农地测量及物产量调查。

目 录

战国时代……是啥？

- 第1节　序章中的序章 —— 002
- 第2节　那么……战国大名是啥？ —— 006
- 第3节　对豪强说你好，跟政府相关人士说拜拜 —— 014

桶狭间之战

- 第1节　战国头号"大傻瓜"所引发的战国头号大逆袭 —— 020
- 第2节　桶狭间前夜：织田家最糟糕的前夜 —— 024
- 第3节　从天而降的无数奇迹及其引发的连锁反应 —— 033

三方原之战

- 第1节　家康黑历史史上最大的黑历史 —— 042
- 第2节　战国大叔之间的纠葛 —— 049
- 第3节　汇聚泪水与未来的惨败——历史上总有是非曲直，那是人类存在过的证据 —— 056

长篠之战

第1节	火枪对骑兵，新旧冲突！战国奇景大对决！	066
第2节	不好意思，我们是骑兵队……对方有大量火枪，您还让我们冲？	074
第3节	咕噜咕噜——咕噜咕噜——来，继续滚——咕噜咕噜——咕噜咕噜……	082

本能寺之变

第1节	消逝于烈火中的英雄	092
第2节	六月二日	097
第3节	动机：光秀杀害信长的缘由	106

织田信长与明智光秀

第1节	咦？光秀是这样的人吗?!	112
第2节	咦？信长是这样的人吗?!	117
第3节	咦？咦？真的假的？我再问一遍，信长是这样的人吗?!	122
第4节	如果总以为已经掌握真相，那可就大错特错了	129

备中大撤退

第1节	谜团过多的"取天下者"	138
第2节	这大概就是所谓的"晴天霹雳"吧	144
第3节	音速、光速、迅速、爆速	151
第4节	操控传说的"取天下者"	159

专栏　这里想稍微多说几句

那之后的秀吉　第1节 —————————— 165

贱岳之战　那之后的秀吉　第2节 —————— 169

小牧·长久手之战　那之后的秀吉　第3节 —— 171

太阁检地　那之后的秀吉　第4节 —————— 174

刀狩令　那之后的秀吉　第5节 ——————— 177

川中岛之战 ——————————————— 180

关原之战

第1节　从家庭纠纷到全国混战 ——————— 184

第2节　膨胀的独裁者 ——————————— 194

第3节　以正义之名，速速集结 ——————— 202

第4节　前有狼后有虎，这是什么情况？ ——— 212

第5节　决定人生的，只是区区数小时 ———— 223

专栏　最后还想说两句

大坂之阵 ———————————————— 234

后记 —————————————————— 241

参考资料 ———————————————— 244

战国时代……是啥？

第1节
序章中的序章

假设有一部你特别喜欢的漫画。

这漫画超级好看,所以你想推荐给朋友,可不巧的是漫画已经出了三十几集单行本,剧情进展到后边了。由于看点过多,反而不知道该从何说起……

这种情况下,你会按照怎样的顺序进行推荐呢?

一般来说,剧情越复杂,背景越宏大,你就会越倾向于先从设定——也就是这部漫画的**故事背景**讲起,对不对?时代背景是怎样的,因为是虚构的国家,所以存在魔法理所当然……诸如此类。

但假如你不在最开始告知对方故事背景——

"这个主人公呢,每三集会有一次化身成为龙或aroundthirty[①],唯独在罗斯塔尼亚王国被拒绝那集里,谈了一场激情澎湃的恋爱哟。"

如果用这样的方式不断罗列对方闻所未闻的词语,东一句西一句地介绍角色,最后对方怕是只会一头雾水,搞不好可能还会引发抵触情绪(当然,也存在对方反倒产生兴趣的可能性)。

故事背景,是赋予角色以及剧情合理性的根基。

要有房屋,首先得有土地。要有人类,首先得有骨架。要有比萨,首先得有面饼(要吃火锅的话……首先得有锅)。

因此篇幅越长的故事,越需要从设定开始进行说明,这样才便于对方理解,使其产生兴趣……这一套路相信大家都是赞同的(应该也同样适用于动画、电影、剧集、舞台剧等)。

之所以说这些，是因为我也有一些故事想推荐给诸位。

都是有关——

日本战国时代的故事。

要说日本战国时代的看点嘛……虽然想介绍的角色和名场面多如繁星，这一时代的历史走向也十分重要，但各位想必已经猜到了，我首先要讲的，还是"背景"。

我会尽量采用比较通俗轻松的语言来讲述日本战国时代的历史故事，还请各位继续耐心读下去。

那么我就默认各位均无异议，开始讲述喽。

再强调一遍，我们讲的是日本战国时代。

时间倒退四五百年，当时的日本正处于内战不休的时代。

简而言之就是：

"装备有刀枪与甲胄的'武将'们在日本各地打得你死我活的时代。"

这就是所谓的日本战国时代。

没错，在这一时代里，我们的祖先曾经真实地吆五喝六地战个没完。

话说回来，战乱的起源是什么呢？

对于这一问题，我自然早就备好了答案。

答：**起纠纷了呗。**

就这么简单。

为了略微详细地解释是何种"纠纷"，我们需要将时针往回拨。

很久很久以前，日本的行政机构叫作：

朝廷。

朝廷的最高统治者是天皇，还有很多公家（也就是贵族），用现

战国时代……是啥？

在的话说就是"政府"。

然而大约1000年前，出现了一个阶层：

武士。

这些人成天手持兵刃，以战斗为生，在一定程度上改写了既有的行政系统。武士阶层不断坐大，最后甚至将朝廷取而代之，成了实质上的执政者（比如平清盛）。

随后，一位叫源赖朝的人在镰仓建立了"武士的政府"：

幕府。

（史称"镰仓幕府"，然而当时的人并不用"幕府"这么个词）

赖朝将自己封为：

征夷大将军。

他成了"武士阶层的最高统治者"。如此一来，日本的中央权力机构就发生了变化。

从形式上来说，是"**侍奉天皇的武士受托管理日本政治**"，朝廷的权威尚存，但事实上这种"权威"不过是个招牌罢了。

日本社会的真正统治者已经与往日不同：

朝廷→幕府。

经由这种权力交接，武士说了算的时代来临了。

这之后赖朝建立的"镰仓幕府"灭亡，随之登场的——

室町幕府。

室町幕府同样是"**武士政府**"，由足利尊氏担任征夷大将军，换句话说就是"幕府2.0版"（这次的幕府基地在京都）。

室町幕府从初代将军尊氏的时代开始就面临着各种问题，朝廷更是南北一分为二，开局很不平稳。不过到了第三代将军足利义满的时候，政局逐渐安定下来，此后还一度顺风顺水……然而**第六代将军足利义教被"守护大名"**（后文会具体解释何为守护大名）赤松家暗杀，室町幕府再次面临巨大危机。

"咦？室町幕府有这么糟糕吗？"

大家可能已经开始产生想法。而到了**第八代将军足利义政**的时候，又发生了重大事件。

那便是作为"日本战国时代开幕序曲"而广为人知的：

"应仁之乱"。

这还没完。

"应仁之乱"过了二十六年后，又发生了另外一件大事。甚至近来有了新的观点，认为该事件才是"日本战国时代真正的开幕序曲"。

这里且容我卖个关子，先不提具体是什么事件。

从下一节开始，我将陆续为各位揭晓各种惊人事实。

译注：

① aroundthirty：日式英语，指30岁左右的人。

第2节
那么……战国大名是啥？

让我们接着序章继续讲。

一边复习前文，一边直奔主题。

为什么会进入战国时代？
　　　↓
因为发生了"应仁之乱"。
　　　↓
除此之外——

还爆发了近年来被认为是"日本战国时代真正的开幕序曲"的：

"明应政变"。

以上两大"巨大纠纷事件"，开启了乱世的序幕。

所谓的"应仁之乱"，说的是：

"山名宗全和细川胜元之间发生了权力纠纷，进而演变成激烈争端。"

而"明应政变"则是：

"室町幕府的二号人物细川政元发动政变，并将第十代将军流放了。"（关于"应仁之乱"的起因，教科书上说是"将军继任者之争"，不过近来的主流观点认为，其实和继任者之争关系不大）

由于不断发生各种大事件，导致本来位于武士权力金字塔顶端的将军权力被不断削弱，日益萎缩。

那么室町幕府的下场如何呢？

没错，如同玩到最后阶段的叠叠乐一般，危如累卵，摇摇欲坠。

如此一来，各地的武士们便开始打起了小算盘：

"幕府已经靠不住了！自己的领地得靠我们自己来经营！"

于是乎，他们就各自踏上了特立独行的道路。

进而不断有地位低下的人谋权篡上（即所谓的"下克上[1]"），导致"原有身份秩序土崩瓦解"，最后催生出全新的统治阶级：

战国大名！

在乱世之中，"战国时代"就这样拉开了帷幕。

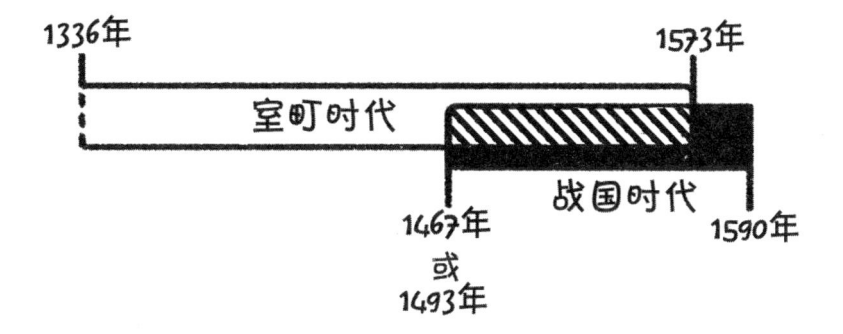

```
1336年                              1573年
├─────────────────────┬─────────────┤
      室町时代          战国时代
                   1467年         1590年
                     或
                   1493年
```

正如上文所说，战国时代开始那会儿，室町幕府统治全国的室町时代还没有结束。

所以人们往往会产生这样一种误解，"室町时代结束之后，战国时代才开始"。

这种认知并不准确。尽管政权摇摇欲坠，但室町幕府的持续时间大体上是……

◆室町时代……1336年至1573年（开始和结束时间均有争议）。

◆战国时代……1467年（应仁之乱）或1493年（明应政变）至

战国时代……是啥？

1590年（结束年份有各种争议）。

这么一看就很明晰了，两个时代其实有很大一部分是重叠的。

毕竟将军总共传了十五代人，全国的武士们也都大体保留了这样一种认知：

"将军大人（总体来说）还是很了不得的！（形式上）必须听将军大人的话！"

话虽如此，这种认知很大程度上也不过是些场面话，很多人都是说一套做一套……

将军被当成了吉祥物，有些手握幕府实权的武士甚至想废黜现任将军，推自己拥戴的足利家的人选上位。

如此一来，从第十代开始，室町幕府的将军大都是这么个状态：

将军：敌军攻过来了！暂且逃离京都！

这种戏码不断上演，明明京都才是政治中心，将军不在京都反倒成了常态——当时的室町幕府内部简直乱成了一锅粥（第十四代将军干脆一次都没进过京都）。

与摇摇欲坠的幕府相反，一股新势力闪亮登场了。

那就是人称"**战国大名**"的**各地武将**。

所谓武将，指的是类似"军团头目"的人物，可以理解成"武士之中更加厉害的那群人"。拿薯片做比喻的话，就是更美味的盐味薯片。

接下来具体讲讲什么是"战国大名"。

这里要插一句，大家多少都应该知道，现代地名和古代地名是不一样的，对吧？

举个例子。

新潟县在古代叫作"越后国"。

高知县在古代叫作"土佐国"。

大家可能注意到了,古代地名往往都带有一个"国"字。没错,对当时的人来说,所谓的"国",指的就是他们所居住的那块区域[2]。

"您是哪国人呀?"

在日本,面对这样的提问,对方多半会如此回答:

"日本!""美国!"……

可如果换作古代人——

"甲斐国(山梨县)!""肥后国(熊本县)!"……

此人就会这么回答(大概吧)。

这里提到的"国",指的不是日本全国,而是"地区"的意思(再举个例子,尾张国=爱知县西部)。

基于这一逻辑……

镰仓幕府和室町幕府均在各国(也就是各地区),设置了这样一种官职:

守护。

首先让我们来聊聊什么是守护。

守护最初的工作性质有点类似军队和警察,套用现在的称呼就是"某某县警察总长"之类的官职。

但进入室町时代之后没多久,守护的"业务范畴"大幅扩大了。

幕府赋予他们越来越多的权力,例如:

幕府:当地的审讯、法律相关工作就都交给你啦。

或者是:

战国时代……是啥？

幕府：嗯——税收啥的也都由你们来收。

更有甚者，有的守护将当地的武士都变成了自己的家臣。不知不觉中，守护被授予各种各样的权力，以至于（一些守护的）权限可以私人订制。

守护将司法权、经济权、军事权悉数捏在手中，成了其所在国的实质统治者。

如此一来——

"室町幕府的守护较之以前大幅升级了吧？差不多相当于'守护4.0版本'了吧？虽然名号还是叫'守护'，其实和以前的'守护'完全是两码事吧？"

于是乎，人们就把室町时代的"守护4.0版本"称作：

守护大名。

（请注意，所谓"守护大名"，其实只是后世创造的历史名词，当时的人并不是这么称呼）

此后，守护大名的实力升级，越发不可收拾，到了室町时代中期，夸张到有人说"室町幕府根本就是借助守护大名的实力在运营的"（即幕府=守护大名所组成的联合政权）。

守护大名割据一方，坐拥强大实力。

不过守护大名们**其实并不在那里**。

这里不是在拿《化为千风》的歌词玩梗[3]，而是想告诉大家，守护大名不待在自己的"管辖国"是相当稀松平常的事。因为有实力的守护大名与幕府政治关系紧密，时常会在京都或者镰仓出公差……准确地说，他们绝大多数时间都耗在那边了。毕竟有的守护大名还同时拥有好几个"国"。

如此一来，"国"的统治者反倒不会待在本国内。

所以守护大名就有想法了。

守护大名：这样下去不行，自己的国得拜托谁代管一下。

守护大名用忘了买洗发水一般的语气嘟囔了几句，然后找了个"代理人"代为管理自己的国。

代理人通常由守护大名的亲戚、旁支或重臣（即重要的家臣）担任。

此外也有委托已经成为家臣的"国众"（这个词之后会讲解）担任代理人的例子……简而言之，守护大名一般会选择自己的家臣出任代理人。

而这些替守护大名管理一方土地的家臣则被称作——

守护代。

那么，再来说说这个词——

国众。

所谓"国众"，指的是从很久以前就扎根于此的"本地武士"。

这些武士在自己国内的部分区域担任类似现在"町长""市长"之类的职务，被称为"国众"。

作为当地的基层管理者，不少国众后来都成了幕府委任的正式管理者"守护大名"的家臣，但同样也有反例。就像警匪片里那些常见的台词：

国众：外头来的国家公务员懂个啥！俺们地方公务员自有地方公务员的手段！

所以有些国众拒绝成为守护大名的家臣。

好了，我们来简单整理一下到目前为止出现的身份名称。

战国时代……是啥?

"守护大名"=受命于幕府管理"国"的人(权限等级=都道府县知事[4])。

"守护代"=守护大名的代理人(都道府县知事的部下)。

"国众"=当地武士(权限等级=市区町村的长官)。

这样一来,相信大家已经对当时的官僚体系有了一个大致的了解。

然而!!

枉我说了这么多,结果到了战国时代,一切的一切,都被毁得干干净净。

那么毁掉之后又将如何呢?且听下回分解!

译注:

①即以下犯上,多见于日本政治或军事场合。

②这里的"国",指的是历史上日本在律令制下所设置的地方行政区划"令制国",又称律令国。该制度始于奈良时代,明治初期废藩置县后基本退出历史舞台。"国"可以类比古代中国的州、道、行省等地方行政单位。

③日本歌曲《化为千风》中有一句歌词,大意是"请不要在坟墓前哭泣,我并不在那里"。

④日本自治体(都道府县)的首长即为知事。

用现代的说法，就是都道府县知事

守护大名

部下 类似知事的

守护代

武士们 类似各地市区町长官的

国众

战国时代……是啥?

第3节
对豪强说你好,跟政府相关人士说拜拜

本节是序章的最后一节,对战国时代的粗略介绍会在本节结束。我们先复习一下之前讲的内容。

"应仁之乱"或"明应政变"揭开了战国时代的序幕
　　　　　↓
本来存在"守护大名""守护代""国众"这类身份
　　　　　↓
因为战国的关系,这些岗位都……

被毁得一干二净。

守护大名也罢,守护代也罢,各自为政的国众也罢,磨磨叽叽的繁文缛节也罢,让人头痛的社会秩序也罢,全部都哗哗哗……哗啦——哗啦——

灰飞烟灭了。

而在这烟雾缭绕中现身的,便是将能量凝聚一身的全新生命体:

战国大名。

之前已经提到过很多次,但所谓的"战国大名"到底是什么呢?一言以蔽之,就是——

"国王"。

如果再换个说法,那就是"**凭借一己之力治理国家的国王**"(并非独裁者）。

"守护大名"拥有幕府这一权力后盾。

与之相对的——

有一群人并无幕府这一后援，完全是凭一己之力打下一片天地，然后再以这片领土为基地，将大量国众招入麾下，靠着自身手段统治家臣和领土内的民众。

他们就是统治力远胜守护大名的：

"战国大名"。

（其实战国大名没有严格的定义，大体上就是这么一回事儿）

为什么前边我要花这么多篇幅介绍"守护大名""守护代"以及"国众"呢？因为这三者之中，有些便是今后驰骋乱世的"战国大名"的前身。

"守护大名""守护代""国众"，大家觉得哪些人最后进化成了战国大名？

那么公布答案：

以上皆是。

所谓的战国大名——

既可以是前守护大名，

也可以是前守护代，

甚至可以是前国众。

当中存在着多种可能性（但并不是说是个人就能成为战国大名哟）。

幕府以及守护大名之间展开了激烈争端。天下大乱之后，"守护大名"的实力则一落千丈。

如此一来，"守护代"便开始崭露头角了。

毕竟实质上管控各律令国的人其实是守护代，一旦他们的主人——

战国时代……是啥?

守护大名式微,手握实权的守护代自然便会嚷嚷着"由我来统一这个国吧",进而登上历史舞台。

但战国时代的"下克上"并不止如此。

"国众"也一样能够逆袭。

哪怕是统治的领地极小,只要不断征战,绝地反击,击败豪强势力,便能获得足以控制一国的实力。

"如此一来,我就是这个国的老大了!"

于是有些人就自我膨胀了。

对此,"守护大名"自然不会坐视不管。

的确,有些守护大名实力大减,但同样也有些守护大名将更多的国众收作家臣,同时加强了对领国的统治,进而摇身一变成为战国大名。

一些名门家道中落,又重新振作,再次登上历史舞台。

与过去的身份无关,大量新领袖你方唱罢我登场(他们活跃的年代和成为战国大名的时期各不相同)。

【守护大名→战国大名】

◆武田信玄

◆今川义元

◆岛津义久

【守护代或守护代的家臣→战国大名】

◆织田信长

◆上杉谦信

◆朝仓孝景

【国众→战国大名】
◆德川家康
◆毛利元就
◆真田昌幸

【幕府官僚→战国大名】
◆北条早云

【武士以外→战国大名】
◆丰臣秀吉
◆斋藤道三

此外,各地还涌现出为数众多的其他战国大名。

这些武将带领着家臣们自食其力,登顶一国权力巅峰,拼死奋战,呕心沥血操持政局,保卫各自的律令国,守护民众。为了让自家领土繁荣昌盛,连年征战不休。

有关"战国大名"的解说就到此为止。接下来让我们聊聊战国时代的"背景"。

日本历史上长期存在着森严的身份制度,但到了一切天翻地覆的战国时代,却出现了一个奇迹——平民出身的丰臣秀吉竟然统一了日本全国。

到了战国时代后半期,本就动荡不已的时代越发动荡不安。

从下一章开始,我们会聊几个堪称战国时代转折点的重大历史事件。

希望大家通过了解与这些事件相关联的武将以及故事背景,对战

战国时代……是啥?

国时代的历史走向有个大致的把握。

首先要聊的是**那位武将的逆袭大戏**。这一故事震惊了战国时代的所有人。

桶狭间之战

第1节
战国头号"大傻瓜"所引发的战国头号大逆袭

各位听说过"桶狭间之战"吗?

"嗯,没听说过才奇怪吧。"

写下这道问题的时候,我其实做好了被人回怼的心理准备。毕竟这场战争实在太过有名,不注意提问技巧的话,没准会惹怒人家。

为什么这场战争如此有名呢?原因很简单,无论时代怎么变,这场战争都一直存在于教科书中,为不少人熟知。

既然能一直被收录在教科书中,这场战争势必有着不同寻常的历史意义。

那么究竟是什么历史意义呢?简而言之就是:

织田信长(这名武将)击败了今川义元(这名武将),让大家目瞪口呆。

但这样解释未免太过简单,想必大家还无法理解其重要性,所以我还是略微详细地讲解一下事件概况吧……

1560年,还是新人的织田信长于桶狭间(今爱知县)击败了实力强大的今川义元,令世人大为惊讶。

信长这次全国出道的表现可谓是鲜明而深刻。

经此一役,他本人以及身边人的命运从此大不相同。

这段历史的大致内容就是如此。

拜织田信长所赐，这场**大逆袭战争**之后，当地的势力版图发生了巨大变化，这也是桶狭间之战为人所重视的原因之一。

如果是和我岁数差不多的人（2020年，当下年纪在四十岁上下的人），应该大部分都对于桶狭间之战的故事有个大致了解（因为在学校之类的地方学习过）：

"我知道啊。不就是今川义元想一统天下，在前往京都的途中，打算击败织田信长，于是打了一仗呗。结果在一个叫桶狭间的洼地摆酒宴的时候，被信长偷袭了。"

但我想说的是，这一段"大致了解"，**大致上是错误的。**

说"错误"可能有点过了，但近来的研究成果表明，这一流传甚广的故事可能并不准确。

那么战争的真相是怎样的呢？

我们来详细聊聊"桶狭间之战"吧。

不过接下来要讲的，其实只是上文"1560年，还是新人的织田信长"那部分内容的扩充，希望各位能够耐着性子继续往下看。

那么，"桶狭间之战"，正式开讲。

故事的舞台，是如今的东海地区[①]。而故事的主人公，自然便是织田信长。

提到战国时代，哪怕是对于历史毫不感冒、听到历史名词就仿佛过敏一般大吐苦水的人，也应该听过织田信长的大名吧。同时估计不少人对信长的印象是：

"信长是个改革派，而且很强，对吧？"

这一点我们后边再聊。

但在桶狭间之战爆发前，信长并不强。

说"不强"可能不太严谨，严格来说应该是：

"还不具备稳定实力。"

这样说就比较准确了。

织田信长的老家是尾张国（今爱知县西部）。

而织田家呢……并不是统治尾张国的大名。

信长所在的织田家，是"守护大名"的家臣"守护代"的家臣（请参考《战国时代……是啥？》那一章的内容）。

信长他们家的地位，套用现在的说法就是"都道府县知事的部下的部下"（这里只是打个比方）。

换句话说，以织田家的背景，本不具备在当地建立"国"的实力。

不过不用担心，当时是战国时代。

在这个时代，身份一点儿都不重要，只要有实力和才能就能逆袭。

信长的老爸信秀不断地扩充自身实力，待到足以让上司吃瘪之后，似乎终于能够振臂高呼：

"尾张最强的人就是我——织田信秀！"

老爸信秀过世之后，继承家督（一家之主）的便是织田信长。据说当时他年仅十九岁。

不过这位信长同学呢，从小就因为某个特点声名在外。这个特点：

疯疯癫癫。

用现在的话说就是傻瓜一个。

他的"事迹"包括但不限于：赤裸上身和朋友勾肩搭背；嘴里啃着瓜或饼在城里溜达；在父亲的葬礼上当甩手掌柜，然后半途中又大摇大摆地跑进会场，往老爸的牌位上扔香灰。总之是一个行动力和攻击性都很强的大傻瓜，在当时颇有名气。

这种人物成了织田家的老大，身边的人自然会有想法：

"这人疯疯癫癫（是个大傻瓜），而且乳臭未干，必然靠不住。"

于是乎，大家都相当看不起信长。

被敌人看不起也就罢了，要是连身边的人都鄙视你，那麻烦可就大了，真可谓是步步惊心。很快几名家臣就动了歪心思：

"比起那个浑球儿，他弟弟更适合成为织田家的统帅！"

他们与信长的弟弟信胜联手，高举反旗发动了叛乱。

信长腹背受敌，几乎被敌人全方位包围。

但很快大家就发现，动了真格的信长绝不是善茬儿。

信长的实力不逊于他老爸，不对，应该说比他老爸还厉害。

信长一跃成为新时代的传奇，收拾掉老弟和身边的敌人之后，重新整合织田家的家臣团队，最后甚至"基本上"平定了整个尾张国。

到了这个时候，信长终于能够挺起胸膛高呼了。

织田信长：吾乃尾张国的战国大名！

而同样就在此时，全国实力拔尖的超级战国大名突然向信长发动了进攻。此人便是：

今川义元。

结束。

译注：

①大致位于日本本州岛中部，面向太平洋的地区。

第2节
桶狭间前夜：织田家最糟糕的前夜

本节是"桶狭间之战"的第二部分。

我们先回顾一下前一部分的内容。

在古代的尾张国，有位名叫织田信长的"疯癫之人（大傻瓜）"。
↓
但事实上这个"大傻瓜"实力超群。
↓
他甚至几乎统一了尾张国。然而——
↓
名为今川义元的超级大名开始进攻尾张了!!

结束。

准确来说，其实还没开始，不过等于已经结束了。

今川义元是怪物级大名。

信长还在为统一尾张国煞费苦心的时候，义元的势力范围已经扩张到了三个律令国，即：

除掌控有骏河国（今静冈县中东部）、远江国（静冈县西部）之外，三河国（爱知县东部）也臣服于义元。

当时的今川义元号称"东海道第一弓"（即东海道实力最强的大

名），此时他统领大军进攻尾张，情况已经不是用"糟糕"就可以形容的了。虽然确实很糟糕。

换作电视剧里的套路（既可以是社团活动题材，也可以是家庭作坊题材），那就是：

"好不容易将离心离德的团队统整起来，还来不及庆祝，突然又出现了强大的敌人……"

信长当时面临的局面，就很类似这种电视剧前半段的高潮部分（此为个人看法）。

不过有一点需要注意的是：

今川义元并非"新敌人"，而是从信长老爸信秀那会儿就开始存在的——

"宿敌"。

所以其实织田家和今川家早就交过手了。

不过现在老爸信秀死了，织田家的家臣们又纷纷背叛，好几座城的城主甚至带着池城一股脑儿转投今川麾下，于是今川那边就多了几座城。具体来说，就是"鸣海城""大高城"等那几座。

上回书说到，信长"基本上"平定了整个尾张国。

之所以说是"基本上"，就因为这几座城现在落到了今川手里。

而信长自然想从今川那儿把这几座城给夺回来。

于是他就在被夺走的几座城周围建造了大量的要塞（其实是迷你版的城池），借以监视今川势力的动向，封锁他们的行动路径（这里大致列举一下："鸣海城"附近建造的要塞有丹下寨、善照寺寨、中岛寨，"大高城"附近的要塞有丸根寨、鹫津寨，总共五座）。

于是乎，就出现了这一幕——

今川义元：什么？织田家那个蠢材害得大高城和鸣海城的兵粮（军

队的粮食）运不进去？郁闷……我要将他们的要塞全毁掉，剿灭信长！

这下义元也动了真格，率领大军（两万人到两万五千人之间）杀了过来。

虽说这一天总会到来，但毫无疑问，信长方面正面临生死攸关的重大危机。

织田家也慌乱骚动起来，在他们的清州城召开了紧急会议。

家臣A:怎么办!! 咱们是该坚守不出，还是该主动出击?!

家臣B:废话，当然应该坚守不出！

家臣C:轮不到你来做决断!! 又没有援军，你打算守到什么时候？显然应该主动出击!!

家臣B:那凭什么由你来做决断呢!!

家臣C:怎么着?! 你有意见?!

家臣A:啊，信长大人来了！

家臣B:啥?! 啊，不对……（伏身行礼）

家臣们伏身行礼。

信长:(登场）哎呀，最近……（絮絮叨叨的模样）

家臣A:是的……最近情况大为不妙呀……所以应当坚守不出……

信长:那么……今天时候也不早了，都散了吧！

家臣们:?!

信长快步离开。

家臣A:（目送信长远去）……完、完了……无论是会议……还是织田家都……

随便聊了几句后，会议草草结束。

桶狭间之战

可怕的今川军都要兵临城下了,信长却还未做出任何对策。

时人纷纷嘲笑信长的举动,说他是"时运不济的时候,连脑子都不好使了"。

到了次日清晨——

家臣:信、信长大人!!今川军正在进攻丸根寨和鹫津寨……

今川军终于展开攻势了。

信长一听,整个人都弹了起来。

信长:……人生五十年……与天地长久相较……①

家臣:??

信长突然跳起了"幸若舞"中他最喜欢的篇章——《敦盛》。

信长:拿我的甲胄来!!

家臣:(惊讶状)

咔嚓!咔嚓!咔嚓!

信长:拿泡饭来!

吧唧!吧唧!咕咚咕咚咕咚……

信长穿好甲胄,站着将泡饭(类似现在的茶泡饭②)吃完后——

信长:出征!

家臣:嗯?啊?什么?

信长翻身上马。

信长：驾！
家臣：出发！出发！快出发了，喂！

信长飞速冲出城门。

事发突然，当时跟在信长身后的仅有五名家臣以及两百人左右的士兵。

这之后信长前往热田神宫③祈求胜利，途经多座要塞，最终抵达善照寺寨。

这期间他又集结了两三千名士兵，总算是进入了备战状态。

我们来整理一下信长到目前为止的行动。

生死攸关的会议上，他不曾提出任何有价值的意见，等敌人发动攻势后又突然跳起来，站着把饭吃完，什么指示都不下就冲出城去……这简直——

变态。

虽说变态和天才往往只有一线之隔，但这位变态比一般变态还要变态。

当然，织田家的危机尚未解除。

就在信长集结士兵期间，遭受攻击的丸根寨和鹫津寨相继沦陷。顺带一提，攻陷丸根寨的武将叫松平元康，时任今川家家臣，也是日后的**德川家康**。

同时，敌军统帅今川义元正不断朝尾张国内进军。

义元在名为桶狭间山的小山包上列阵（做准备），距离信长（可能）已经不足五千米了。

桶狭间之战

此时今川军已经攻下五座要塞中的两座,如同疯长的藤蔓一般侵蚀着尾张各地(虽然我也不知道藤蔓的具体生长速度有多快)。

而就在这时——
不知是否因为信长就在身边(直到现在也依旧是个谜),信长的两名家臣突然爆发出百倍勇气,带领三百名左右的士兵杀向今川军的前锋部队!结果一交手就输了!兵败如山倒!
这样一来,在桶狭间山休整的义元就更加开心了。
虽然今川军还需要攻打剩下的三座要塞,但是义元此刻游刃有余。

信长:好,轮到我上了!

信长离开善照寺寨,开始向邻近桶狭间的中岛寨机动。
对此家臣们都大为反对。

家臣们:不可不可不可!我军动向都被敌人看在眼里,对方马上会知道我们人数不足的!
信长:少废话!

他无视众人的意见,开始向中岛寨进军。
一到中岛寨,信长马上打算出战,家臣们自然是扯着他一个劲儿地反对。

家臣们:不可不可不可不可不可不可……
信长:你们都给我听好了!
家臣们:嗯!

信长：今川他们昨天晚饭过后便整夜都在行军，打下丸根寨和鹫津寨之后肯定累得够呛！但我军士兵个个精神抖擞！还有，你们没听过这么一句话吗，"兵在精而不在多，谋事在人，成事在天"！敌进我退，敌退我进！想方设法打败敌军，追击，打垮他们！！是不是很简单?！今天要是打了胜仗，在场的所有人都能扬名后世！都给我铆足劲头加油干！

完全没有什么作战计划。
换作棒球的说法，就是："球来了就打！击出本垒打！"
好说歹说，信长就是不听取家臣们的意见。
然而"因为攻打丸根寨和鹫津寨而人乏马困"的，其实是元康（即日后的家康）和其他今川家家臣率领的部队而已。信长本以为列阵在桶狭间山上的正是这些部队，但尝试着发动攻击后才发现，那些其实是义元的主力部队……当然也有说法认为，义元的部队其实也多少参与了攻陷要塞的战斗，所以信长才会有上述发言……但真相到底如何，无人知晓。

信长：冲啊!!

于是乎，信长情绪高涨地展开了进攻。
信长的不少家臣都觉得这么冒冒失失地攻过去肯定赢不了，桶狭间势必会变成织田家的伤心地。
然而就在织田军即将接触到今川军前锋部队的瞬间——
奇迹从天而降了。

译注：

①织田信长的名言，原句为"人間五十年、下天の内をくらぶれば、夢幻の如くなり"，出自日本传统戏剧"能"的一种——"幸若舞"中的名篇《敦盛》。

②将米饭和配料淋上茶或开水一起食用的日式料理。

③位于爱知县名古屋市热田区的一座神社。

第3节
从天而降的无数奇迹及其引发的连锁反应

"桶狭间之战"的故事即将结束。

还是先来复习一下。

就在信长即将统一尾张国之时——

↓

今川义元的进攻引发大危机。

↓

然而信长既不拟定作战计划,对家臣们的劝告也充耳不闻。

↓

到了最后,信长打算与今川正面对决,家臣们大惊失色。

↓

然而,就在此时——

奇迹,

从天而降了。

哗啦——哗啦哗啦——哗啦哗啦哗啦哗啦——

对于织田军来说,这突如其来的天气变化实在是太过幸运。

倾盆大雨陡然浇下,如同石块,或者应该说是如同冰块一般的雨点力道之大,似乎足以将附近的大树全数击倒。

总之,瓢泼大雨突然从天而降(可能还夹带着冰雹或冰霰),激烈的暴风雨从织田军后方向前刮去。站在今川军的角度,那场面就是:

桶狭间之战

今川军：好痛好痛好痛好痛好痛好痛!!

今川军被从天而降的雨点和冰雹砸得抬不起头来。
但对织田军来说,可就是天大的幸运。

织田军：啊……啊……热田大明神①显灵了!! 我们的祈祷见效了!

他们先是大吃一惊,随后马上士气高昂。
没过多久,信长确认天空放晴之后,提枪在手,高喊一声。

信长：杀呀——

信长率领的织田军团终于和今川军展开了正面交锋。

今川军：嘀,可算是放晴了。哎哟喂,这雨下得……哦,有敌人?!

今川军顿时乱了阵脚。
人数处于劣势的织田军突然发起进攻。今川军根本没想到对方会在雨停之后就立刻发难,一时间无从应对。

信长：其他人都不必理会,目标只有一个——取今川义元的首级!

目标只有一人——今川义元。
比起个人立下战功,更为重要的是织田军的胜利。
前文提过,今川军足足有两万多人马,不过这是其麾下部队的总人数,此刻与信长交战的今川义元主力部队人数在三千到五千之间。

如果是五千对两千,那么可能还有胜算。

信长:杀!! 给我杀!!

信长一马当先冲在最前边,织田军顿时士气大涨,逼得今川军节节败退。

今川军的前锋部队溃不成军,向后方溃逃,有的部下甚至连义元所乘坐的涂舆(类似神轿)都顾不上,慌慌张张当了逃兵。

信长:义元就在前方!! 给我杀——

织田军的猛攻势头不减。

几番突击过后,原本有三百人之多的义元旗本(亲卫队)只剩下五十余人。

刀光剑影之中,双方展开激烈混战,织田军的主将信长更是杀红了眼。

信长:冲呀——

他干脆飞身下马,和家臣们一道争先恐后地斩杀敌军。

信长的勇猛同样激励了其他的年轻家臣。

他们跟随信长,将武力全部宣泄在敌人身上。

血与汗交织在一处,尽管织田军不断有人受伤、战死,但他们终于渐渐逼近了"目标"。

桶狭间之战

目标只有一个——取今川义元的首级!

最终——

扑哧一声!

信长的家臣服部一忠一枪刺中今川义元。

但他随即被义元砍中膝盖,倒在地上。

不过从结果上来说,这一刀是今川义元绝命前的一击。

紧随其后的毛利良胜(信长的家臣)冲上前来——

咔嚓一下!

一刀砍倒今川义元,并割下了对方的首级。

主帅阵亡,今川军顿时作鸟兽散。

而信长和他的织田军则兴奋得难以自已。

信长:好!好哇!!

织田军:哦哦哦哦哦哦哦——

狂热的情绪化作胜利的欢呼,响彻桶狭间的每一处角落。

本来处于极端不利局面的织田信长扭转战局。

这场**世纪超级大胜利**最终被他收入囊中。

好,以上就是当前研究成果所复原的"桶狭间之战"的大致流程。

然而义元并没有打算上京(前往京都),待机地点并非洼地而是山上,信长并未发动奇袭,而是与义元正面对决……这些便是有关桶狭间之战的最新说法。

织田军能够取胜,信长一马当先冲锋陷阵固然功不可没,但正如上文所说,运气因素也起到了至关重要的作用(比如天气突变、今川军麻痹大意、军心大乱等诸多因素)。

但这也不意味我说得绝对正确，事实上信长取胜的真正原因……至今仍是个谜。光凭流传下来的史料，有很多细节不甚清晰，所以针对这场战争的后世评价争议极大。

交战双方的军队人数众说纷纭，甚至义元布阵的"桶狭间山"究竟在哪儿都有好几种说法（有说在爱知县名古屋市绿区的，也有说在丰明市的）。

那么，从这场众说纷纭的"桶狭间之战"中，我们这些现代人能学到些什么？

答案因人而异，可能有人学到的是"直面强者的勇气"。

有人学到的是"只要大家齐心协力，就能绝地反击"。

但我想说的并不是这类流于表面的内容（当然，这些也很重要）。

就我个人来说，这场战争最值得学习的地方是：

"信长那超级强大的一言堂气场"。

从与今川军的交战中能够看出，信长既不将自身想法告知家臣，也不听取他人的意见。但织田军之所以能够在桶狭间之战中勉强得胜，也是拜他这种行事风格所赐（当然各种幸运事件也是一方面的原因）。

假如信长向家臣们详细讲解了他的作战计划，并且对于家臣们的七嘴八舌照单全收，这场胜算不大的战争恐怕就会变得毫无胜算了吧。

无论在什么时代，团队的内部和谐都很重要。

然而，如果团队对于每名成员的意见都过于重视，将会无法确定方向性，最后裹足不前，要不了多久就会完蛋。

虽然可能会造成误读，但我还是要说：

"在某些特殊场合，一言堂也是很有必要的。"

换言之，就是"有责任感的决断力"。

现如今无论是谁都从属于多个团队或是社区（公司、学校、社交媒体等），无论你是不是领导，考虑团队的延续和发展的时候，都不

桶狭间之战

妨回忆一下信长的所作所为。

当然，过于一言堂的话也一样会引发问题（以上都是我的个人见解）。

"桶狭间之战"之后，相关人员的命运发生了怎样的改变呢？

具体内容就留到下一章讲述吧。

接下来要讲述的故事，是开创了一个时代的武将所品尝的噩梦——

那是一场有关华丽败北的故事。

译注：
①前文提到的热田神宫所祭祀的神明。

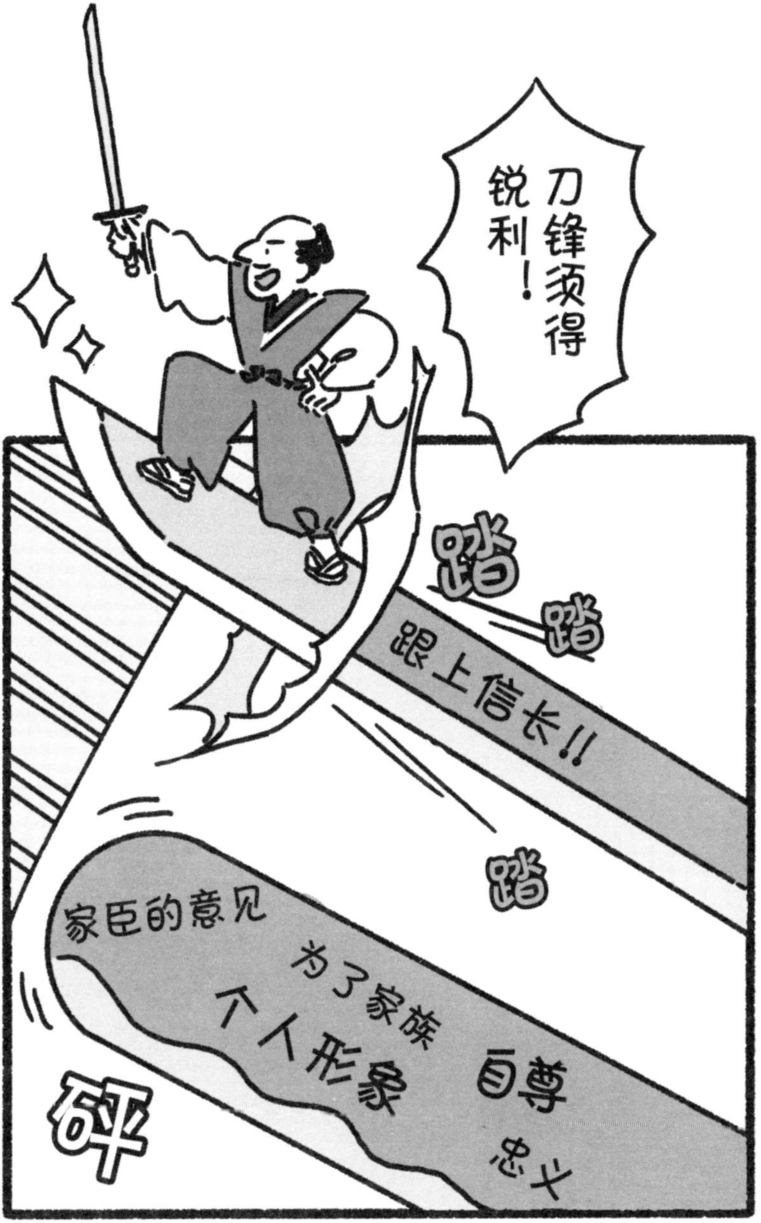
刀锋须得
锐利！
踏
踏
跟上信长!!
踏
家臣的意见
为了家族
个人形象
自尊
忠义
砰

三方原之战

第1节
家康黑历史史上最大的黑历史

"san……sanpo……sanpoga……不会念……"恐怕有不少人甚至不知道"三方原"的正确读法（正确读法是"mikatagahara"）[①]。

不过先别急。

在正式开讲之前，我们不妨先来看看对战双方的名头。

德川家康对武田信玄，是不是给人一种世纪大战即将上演的感觉？

德川家康——众所周知，他是江户幕府的建立者，是战国时代笑到最后的人。

武田信玄——人称"甲斐（山梨县）之虎"，最强骑兵团的老大。

明明对战双方都超级有名，这场战争的知名度却很低——就是这么矛盾。

而"三方原之战"的故事，简而言之就是：

1572年，德川家康被武田信玄狠狠修理了一顿。

也就是说，这场战争概括起来就是"家康输给了信玄"而已。

而且和"桶狭间之战""关原之战"不同，这场战争的结果并未让时局发生戏剧性改变。

但是呢——

如果能捋清楚这场战争出场人物之间的关系,(也许)会有助于理解接下来即将发生的重要历史事件。

再者,这场战争本身有意思的小细节也比较多。像是"家康差点死掉"呀,"信玄的策略超厉害"呀(大概吧)。

最重要的是,我个人很喜欢这场战争(基本上这才是主要原因)。

那么,就请听我聊聊"三方原之战"的故事吧。

在此之前,大家需要了解:

"战国大名≠和谁都要打仗"。

一听到"战国时代"这么个名头,很多人脑中可能会浮现出"战个没完"的画面。

但大家不妨仔细想想,即便是现代社会,如果两个人之间发生了正面冲突,那肯定是有什么个人原因……比如双方正好压力很大,想借此机会发泄一下之类的(咱们先忽略那种纯粹因当事人精神有问题的特殊情况)。

家康和信玄当时正是如此,两边都看对方不爽很久了,当这种厌恶感达到临界点后,终于爆发了战争。

那么,双方是因为什么交恶的呢?

如果整理一下两人之间纠缠的线索,我们就会回溯到——

"桶狭间之战"。

先来看看"桶狭间之战"前后,家康和信玄所处环境的变化。

德川家康方面

其领地三河国冈崎(今爱知县冈崎市)被今川义元占领后,家康长时间沦为今川的家臣。

但在桶狭间之战中,义元战死,家康也借此机会夺回冈崎,得以自立。

之后他和信长走得很近（即所谓的"结盟"），辛辛苦苦剿灭了周边敌人，成功当上了三河国的大名。

武田信玄方面

桶狭间之战发生之前，信玄和今川义元，以及同为大名的北条氏康关系密切，结成了同盟。同盟的名字相当帅气，名曰：

"甲相骏三国同盟"。

三方本来各自实力就很强，居然还结成了同盟，换成现代的说法就是世界前三位的国家结盟了似的。（当然这个比喻不很恰当）

然而因为"桶狭间之战"，这一同盟分崩离析了。

战后数年，消灭了义元的信长联系信玄说："信玄兄，要不要跟我结盟？"

对此信玄是怎么想的呢？

"义元的儿子今川氏真是个废材，看来还是和信长结盟更有好处！"

于是他同意了。

当然喽，得知这个消息之后，今川氏真气炸了。

"居然和我的杀父仇人——信长结盟?！信玄这厮什么意思！"

今川氏真的火气一上来，信玄和今川家的关系顿时降到了冰点。

以上就是桶狭间之战六七年后家康和信玄的大致状况。

巧合的是，这两人之间有着共同点：

◆和今川家翻脸

◆和信长结盟

那么接下来，我们来简单聊聊家康和信玄的关系是怎么从"友好"变得"恶劣"，最后"兵戎相见"的。

其实最开始,是信玄主动接触家康的。

"要不要和我一起进攻今川的领地?"

正是这次邀请,揭开了"三方原之战"序幕。

家康:你说的"一起",是几个意思……

信玄:武田家和德川家同时出兵,分别进攻今川控制的骏河国(静冈县中东部)和远江国(静冈县西部)。打败今川之后,谁打下的领地就归谁。你意下如何?

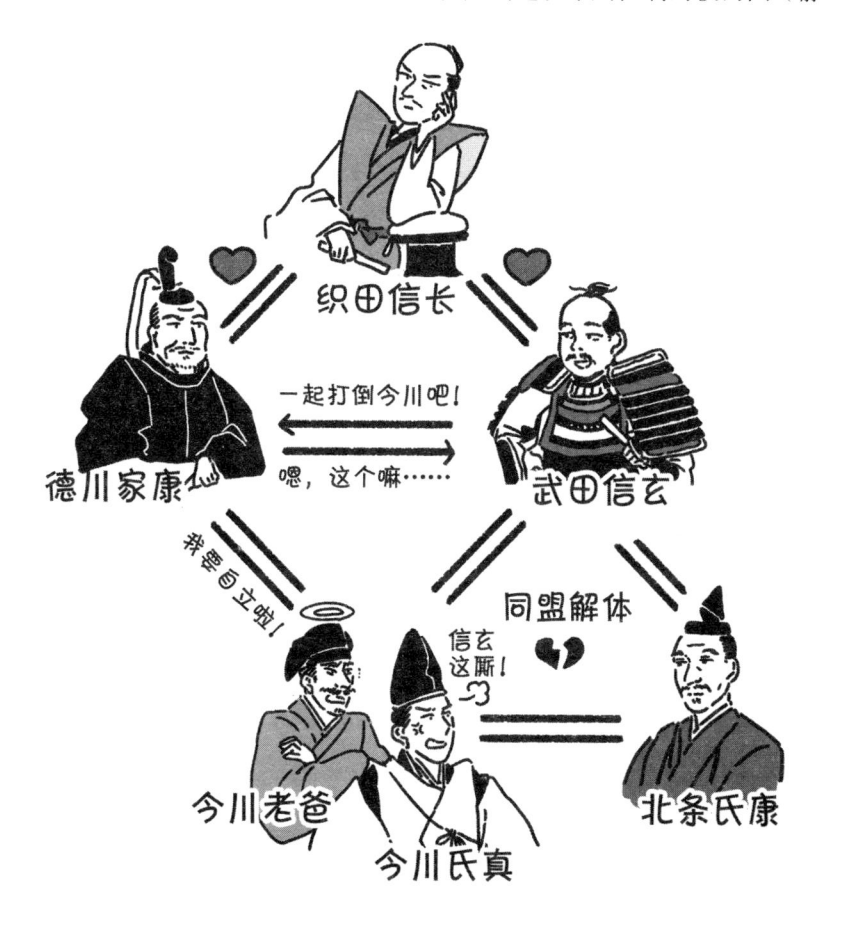

家康:这样啊……行,一起干吧!

三方原之战

两人达成协议,决心一同剿灭今川势力(应该说两方私下里达成协议的可能性比较高。当然,这两人不可能当面对话,基本上应该是通过书信往来)。

信玄进攻骏河之后,家康也开始进攻远江。

然而——

家康:不错不错!远江已经渐渐落入我军手中了!保持这个势头……

秋山虎繁(信玄的家臣):哎!

家康:吓我一跳!!为、为什么武田军会出现在远江?!

秋山:给我杀——

家康:等、等等!你们什么意思!!速、速速迎战!!

本该去攻打骏河的武田军却出现在远江。

不明就里的家康大为光火,便去质问信玄。

家康:喂,你这人怎么出尔反尔啊!!不是说武田进攻骏河,德川进攻远江的吗!怎么你们的人也跑到远江来了,打算毁约吗!!

信玄:抱歉,我对此并不知情……不过以天龙川为界,以东的部分才是武田家的领土,不是吗?

家康:开什么玩笑!硬要说的话也不该是天龙川,是大井川才对吧!!大井川可是骏河和远江的分界线啊!天龙川流域完全都在远江境内吧!天龙川以东不还是远江吗!!混账东西!!

信玄:实在是对不住啊,我这就让在远江境内的部队撤退。虽说是家臣自作主张,我还是对此深表歉意。我说完了。

家康:这……（这厮……）

信玄:对了，今川氏真已经从骏河转移到了远江的挂川城。希望你方前往进攻，彻底剿灭今川势力。拜托啦。

家康:什……什……（这家伙在打什么如意算盘……）

"我对此事全不知情。都是我家部下自作主张啦。"

无论是过去还是现在，能拿这种借口蒙混过关的人多半都能成为政客。

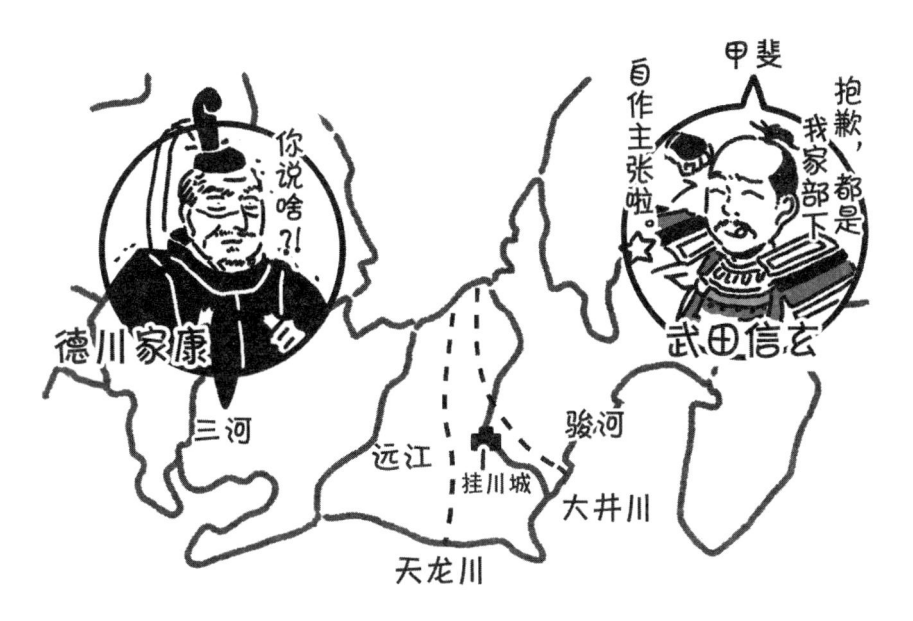

虽然老老实实道了歉，但显然是信玄授意部下这么做的（人们都这么认为）。可能的话，信玄打算把远江也一并吃下。

什么？

什么跟什么？

开什么玩笑!!!

对于信玄的所作所为，家康当然是怒不可遏。

我说信玄啊，你这人……未免太不可信了……

三方原之战

本以为对方是邀请自己开车兜风,坐上去之后才发现原来上的是云霄飞车。

家康和信玄的关系,就此急转直下。

译注:

① "三方原之战"原文为"三方ヶ原の戦い",其中的"三方ヶ原"日文读法较为特殊,念作"mikatagahara",但"三方"一词单独使用时指日本神道教中用来装贡品的木台,读音为"sanpo"。

第2节
战国大叔之间的纠葛

本节是"三方原之战"第二部分。

我们先复习一下。

武田信玄邀请德川家康一道进攻今川家的领地。
↓
根据约定,武田方面攻击骏河,德川方面攻击远江。家康表示同意。
↓
然而——
↓
信玄也开始进攻远江,试图占领该国。
↓
家康暴跳如雷。

家康:开什么玩笑,信玄!!这家伙当真信不过!还说"今川氏真已经从骏河转移到了远江的挂川城。希望你方前往进攻,彻底剿灭今川势力"?!根本是说一套做一套!!不过话又说回来,远江我确实很眼馋,所以挂川城还是要打的!!!

虽然很不信任信玄,家康还是开始举兵攻打今川氏真所在的挂川城。

但怎么都攻不下来。

家康：啊啊啊——烦死了！！！

虽然不清楚他到底有没有这么烦躁，但此时的家康改变了作战计划。

家康：够了！既然打不下来就不打了！停止攻城！为了夺取远江，我要换个法子！"和信玄一起剿灭今川"什么的，不存在的！！

大概是出于这层考量，家康率兵包围氏真所在的挂川城后，和对方说了这么一番话——

家康：氏真兄！！我以前从令尊那里捞了不少好处，所以对于今川家没有半点敌意！现在之所以要攻打远江，完全是因为不想将这片土地拱手让给信玄！如果将远江让给我，我会和北条一起将信玄赶出去，总有一天还会替你夺回骏河！所以我们握手言和吧！然后请将远江让给我！！

他这个建议，有种将便宜都占尽的意思。
活像个厚颜无耻的国王。家康这人只能算是稍微有那么点儿武士的感觉，所以上边那段内容更适合以这样的口气来说：
"氏真兄，事情不是这样的。错的不是俺，是信玄那王八蛋。把远江让给俺呗，然后俺就帮你将骏河抢回来，这笔买卖挺划算的对不对？对吧对吧？"
听起来活像个穷光蛋赌徒。

按理说，听到这么过分的要求，氏真应该回一句"想都别想"才对。
然而——

氏真：好！

他居然同意了。

氏真：如果你能帮我夺回骏河，作为回报，远江就是你的了！

真的是一个敢要，一个敢给。
是因为氏真为人太耿直了，还是因为家康的游说能力太强了？又或是因为氏真当大名当得太累了呢？
无论是何种答案，总之家康的这次谈判成功了。
家康与氏真重修旧好，一举拿下远江国。
这次轮到信玄大为不满了。
"我可不是让你去和今川家勾勾搭搭的啊？！"信玄发泄不满的对象并非家康，而是家康的盟友信长。

信玄：我说信长老弟啊！你那个朋友是什么情况？！我是让家康去攻打远江的，可不是让他去和今川家处好关系的！到底是怎么个意思？！

信玄的不满情绪可见一斑，但家康也不遑多让。

家康：信长兄！信玄这厮说的话你一丁点儿都不能信！我还打算和那家伙的死对头上杉谦信搞好关系！信长兄，你也早点和他撇清关系为妙！

信玄：信长老弟！家康那厮太过分了，居然想离间你我二人的关系！如果你还当他是朋友的话，就帮我狠狠骂骂他！

家康：信长兄！

信玄：信长老弟！

家康、信玄：你听见没有啊，信长！

信长心想，真的是烦死人了。虽然这事最初是和他有点关系。

信长成了另外二人的传话筒，各种"我饶不了那家伙""那家伙的做法有问题"之类的抱怨满天飞。千言万语汇成一句话——"你得优先考虑我才对"。

这一状况表面上看很像三角关系，家康和信玄仿佛迷上了信长似的。

最后，终于有一位受不了这种纠缠不清的关系，打算快刀斩乱麻。

信玄：目前我方已和信长的敌人——朝仓家以及本愿寺搞好了关系，而且最近还和今川家的老朋友——北条家恢复了同盟关系……睦邻友好工作进行得很顺利。现在一切准备就绪，差不多是时候干掉惹人厌的家康……以及一直与家康往来的信长了。

信玄终于决定与家康一战。

他兵分三路，开始攻打家康与信长的领地——三河、远江以及美浓（今岐阜县南部）。说到武田军的战斗力嘛，简单来说：

强到爆表。

就是如此。

武田军一座又一座地攻陷家康和信长的城池。

当时家康在远江建造了"滨松城"作为自己的基地。

兵临城下的武田军大概有两万五千人（具体数字有争议）。

相比之下，德川军只有八千余人，外加织田方面派来的三千援军，总计一万一千人（人数同样有争议）。

家康：防守——

由于双方兵力差距过大，家康决定采取龟缩战术，死守滨松城不出。

而战国最强的骑兵军团渐渐兵临城下……

要来了……他们就要来了哟……来了，来了，来了，来了……

来了!!他们来了来了来了来了！来了来了来了来了来了！走了走了走了走了走了……走了走了……他们走了？

武田军居然就这么擦肩而过了。

他们无视了滨松城内的家康等人，朝着远方的台地"三方原"而去。

嗯？敌人为什么不进攻？

难道说他们打一开始就另有目标？可我现在人在滨松城啊？信玄，明明我就在你眼前了……你居然无视我直接走掉了？

胆子不小啊，你……

满脑子的问号很快转化为满腔的怒火。

对方就这么直接走掉，等于是"没把德川军放在眼里"。身为武士，家康最重要的东西——也就是"尊严"——被践踏了。

家康：岂有此理!!立刻出兵追击武田军，剿灭信玄!!

家康决定离开滨松城，与信玄决一死战。

数名家臣劝道："敌人可是信玄呀，肯定有什么阴谋！"奈何家康

三方原之战

对此充耳不闻,带兵杀出了滨松城。

家康出城追击的理由,并不一定是"怒火攻心"。

还有其他几种看法:

◆ 如果不同信玄交手,会被家臣看不起("嗯,这人不打算开战吗?"),进而这些家臣或许会叛逃。

◆ 来自信长的无形压力:"给我拖住信玄。"

当时的家康看起来就像个不会审时度势的热血年轻武将,但其实他也并非全无胜算。

家康:过了三方原台地就是祝田坂,等武田军下坡的时候从上方攻击的话……必能成功!

居高临下展开攻势的话,必能成功。看起来确实如此。

家康方面伺机而动,等到武田军开始下坡的当口——

家康:是时候了……冲呀——

德川军杀入三方原台地,然而——

信玄:哟!

家康:嗯?

啪啪——

家康:噫!!!

武田军的状态和家康所想象的不太一样。

本该正在下坡的信玄等人，此刻居然摆好阵势，好整以暇地等着德川军哩。

这下麻烦可就大了。

第3节
汇聚泪水与未来的惨败——历史上总有是非曲直，那是人类存在过的证据

那么，"三方原之战"即将进入最终章。

首先还是复习一下。

家康和信长二人与信玄撕破了脸。

↓

信玄："看我不灭了家康和信长！"

↓

家康："信玄来了！不妙！"

↓

然而信玄无视了家康（滨松城）。

↓

家康暴怒："岂有此理！！信玄你给我等着！！等追上之后，我要趁你们下坡时从上方发动突袭，打你个措手不及！！"

↓

然而信玄并未下坡，反倒在原地守株待兔。

家康：……嗯？中计了？

信玄：没错。

家康：……怎、怎么会这样……玩脱了……

信玄:给我杀——

家康:只、只能硬着头皮上了！杀——

双方军队:哇呀呀——

等家康意识到自己被信玄玩弄在股掌之中的时候，一切已经太迟了。

不但兵力处于劣势，还被打了个措手不及，偏偏敌人又是战国最强的骑兵兵团。

武田军:杀啊——

德川军:呜哇——

哪边更占优势，就是和尚头上的虱子——明摆着。

面对悍然袭来的武田军骑兵队，德川、织田联军溃不成军。

胜负早有定数。

现在摆在家康面前的有两条路：

要么在战场中杀出一条血路（可能性很低，无异于豪赌）；

要么就此战死沙场。

家康家臣:主公!! 请火速撤往滨松城!

家康:晚了……不如在此与武田军放手一搏,大丈夫当马革裹尸!!

家康家臣:万万不可!! 应当暂且退回城内, 日后方可东山再起!!

家康:我不能临阵脱逃!! 怎可弃尔等于不顾……

家康家臣:啊啊啊,这人怎么不听劝呢!! 把那个给我!

家康:你,你干什么!!

家臣夺走了家康的采配（武将指挥军队时使用的器物，是一根前端吊着碎纸条束的短棒，有点类似用来打扫卫生的鸡毛掸子），掉转马头。

家康家臣：吾乃——

他骑马朝着敌阵冲去。
策马奔腾的同时，家臣尽可能地提高音量，对着武田军报上姓名。

家康家臣：吾乃德川家康！！尔等若是有种，便尽管取我首级邀功去吧！

家臣们的目的，是替家康赴死。
夏目吉信、铃木久三郎等家臣抢走家康的采配、马、头盔及铠甲，大呼自己才是家康。
为了守卫家康，为了让家康活下去，为了让家康能够尽可能远地逃离战场。
家臣们用自己的生命为主公争取着时间。

家康：呜呜……啊啊啊啊啊啊啊——

不知不觉中，战场之上，德川的家臣们脑中只剩下一个念头："绝对要让家康活下去。"
而最后——

家康：呼……呼呼……呼……

在付出了巨大的牺牲代价之后，家康总算回到了滨松城。

家康：不要关上城门！！点燃篝火！！还会……还会有人回来的！！

还会有人活着回来的。
为了接应那些慢了一步的家臣，家康没有关上滨松城的城门。
可如此一来，也无法抵御兵临城下的武田军的进攻了。

武田家臣：看！前方就是滨松城了！！一口气攻过去……哎呀，城门居然大开着？？

武田家臣：呼——嗯？！（勒马来了个急刹车）还真是……难道……有诈？

武田家臣：有可能。贸然入城恐有不妥。今日暂且退兵吧。

这是一场奇迹般的误会。
面对大开的城门，武田军怀疑是个圈套，就这么折返退兵了。
这便是所谓的"空城计"。虽然不知家康是有意而为之，还是说为了接应家臣瞎猫撞上了死耗子……从结果上来说，德川军算是勉强得到了喘息的机会。
这一战德川军输得相当彻底，家康完全着了信玄的道儿，留下了一辈子的心理阴影——
以上就是"三方原之战"的全部内容。（顺带一提，"空城计"是《三国演义》中诸葛亮使用过的计策）

顺便再闲聊几句。
因为德川军在此战中输得太惨，所以"三方原之战"留下了很多调侃、揶揄家康的段子（且不论真实与否）。

这里随便举几个例子：

◆为了将此次战败作为教训铭记于心，逃回滨松城之后，家康立即找来画师，替自己画了幅愁眉苦脸的画像。

这就是有名的"颦像"（不过现在我们已经明确，这幅"颦像"其实是后世之人所画）。

此外——

◆在战败逃亡的过程中，家康曾在一家茶屋休整。就在他优哉游哉地享用小豆饼①的时候……武田军噔噔噔地追了过来。

家康大惊失色，钱也来不及付，跳上马就跑。然而没跑多远就被人追上了。

追上他的不是别人，正是茶屋的老婆婆。

家康只得老老实实地付了饭钱。

现如今那家茶屋的所在地地名叫"小豆饼"，而家康被老婆婆追上付饭钱的地方有个公交车站名为"钱取"（顺带一提，从"小豆饼"公交车站到"钱取"公交车站距离大约为两千米）。

这则逸事作为段子来说确实很好笑，其实当中问题挺多的。且不说家康在亡命途中跑茶屋休息本身就很不合理，最荒谬的一点在于：

"一个老婆婆怎么可能以比马还快的速度狂奔两千米？"

此外，上述的两处地名其实也另有来历，有兴趣的读者可以自行查查资料。

那么最后再讲一则逸事。

◆家康与几名家臣九死一生逃回滨松城。

家康家臣：总算到了！啊——捡回一条命……嗯？（闻了闻）怎么这么臭……哇！主公拉裤子里了！

骑马逃跑的时候，家康因为被武田军吓得太厉害，居然在马上失禁了。不过呢——

家康：没有的事，这是味噌②啦。

家康扯了个有史以来最低水准的谎（此事的真相已不可考）。

将以上逸事按照时间轴排列一下的话，会得出以下剧情：

"家康在逃跑的过程中吃了霸王餐，结果被老婆婆追上，他在马上大便失禁，回城以后被家臣们发现，丑态被画师画了下来。"

要说有趣的话，确实是很有趣。

也正因为如此，以上逸事请当成单纯的段子，随便看看就好。

那么，从"三方原之战"中我们能看到些什么呢？

"感情用事贸然开战的话，是无法取胜的！"

"要从大败中吸取教训！"

以上几点应该不难想到。

但就我个人来说，感受最为深刻的，是大危机来临后——

家康家臣们毫不动摇的理念。

所谓"理念"，搜索引擎给出的定义是"对于事物的基本看法和观念"。简而言之就是"重视的东西"或者"目的"，这也是世间万物的重中之重。

战国武将每个人都个性十足，想法、主张各异，但有一点所有人是一致的，那就是：

三方原之战

"保卫家园,延续香火"。

在日本战国时代,为了自身家族利益,很多人不惜背叛自己的主公。但德川家的家臣们,却将"保卫主公家康"这一"忠义"思想作为最高的行动纲领。

"三方原之战"中,当家康打算为了"荣誉"与敌人玉石俱焚的时候,家臣们都大为反对。

无论何时,家臣们都将"保卫德川家和家康最为重要"的理念贯彻始终,甚至不惜反对主公的决策。

其结果,就是家康在这群家臣的助力下统一了天下。

从德川家的家臣们身上,我们能够看到这样一则经验:

如果团队(或人)能够坚守理念,在遭遇危机时,便能毫不犹豫地做出最合适的选择。

当然,我不是说必须舍弃生命。

现代社会物质丰富,所以比起物质本身,往往其所包含的目的以及梦想更为重要。也正因为如此,无论何时都毫不动摇的"理念"就更加重要了(这依旧是我的个人看法)。

面对武田信玄这一劲敌,信长和家康能够化险为夷吗?

关于下一章的内容,可能有些人看到信长、家康、武田这三个名字就能猜到了。没错,正是信长使用"那个东西"而引发了"那个事件"的"那个故事"!

译注:

①即红豆年糕。

②日本最为常见的调味酱料,又称面豉酱。以黄豆为主原料,加入盐及不同的种麹发酵而成。除用来熬煮味噌汤外,还能用于烹饪各类菜肴。

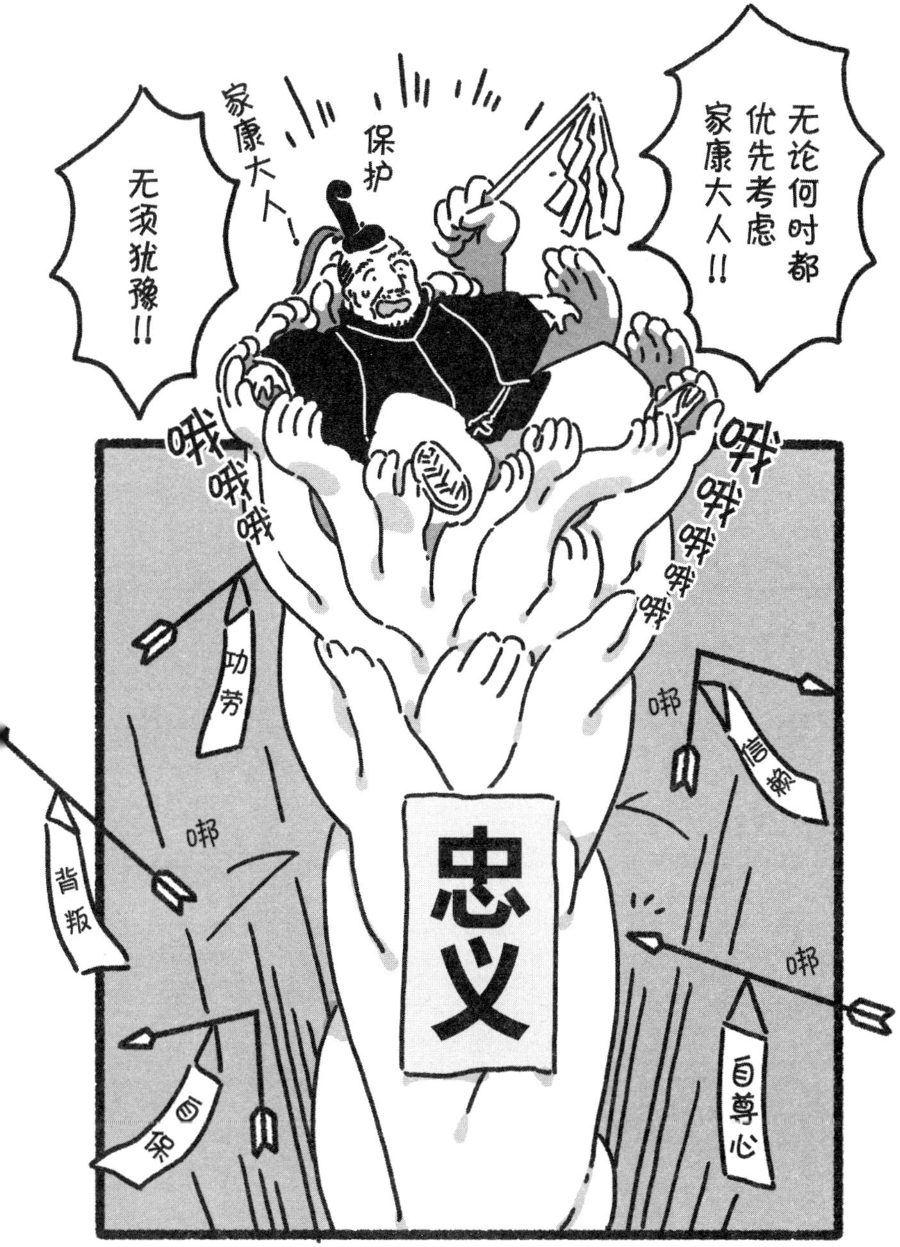
无论何时都优先考虑家康大人!!
保护
家康大人!
无须犹豫!!
哦哦哦
哦哦哦哦哦
功劳
信赖
背叛
啷
啷
啷
忠义
自尊心
自保

长篠之战

第1节

火枪对骑兵，新旧冲突！
战国奇景大对决！

"嗯——说的就是那场信长用上了火枪的战争呗？"

如果说哪位读者有这样的认知……恭喜你，答对了。

"还有，信长的对手，是武田军的骑兵队。"

如果您连这个都知道，那就更棒了。

没错，正是日本小学、初中、高中的教科书一定会提及的那场"长篠之战"。

这一战中，"信长用火枪打了个够"，也可以说"武田军被火枪打成了筛子"。

下边简单介绍一下此战的内容。

1575年，织田与德川的联军在长篠、设乐原（位于今爱知县）与武田军激战。装备了大量火枪的信长军彻底击溃武田胜赖率领的武田军骑兵队，织田与德川的联军大获全胜。

（不过用到火枪的战斗主要发生在设乐原，近来，逐渐有人将此战称为"长篠·设乐原之战"）

不过就算是知道"长篠之战=火枪"，假如有人半开玩笑地说"那不就是日本历史上第一次使用火枪的战争吗"，那可就大错特错了。

准确来说应该是：

"日本首次大量使用火枪的战争"。

其实火枪这东西，在"长篠之战"前就被用于实战了，但基于"某种原因"，没能成为主力兵器。

不过呢！

本次战争中火枪被大量投入后——

"真好使！""火枪完全可以成为主力兵器嘛！"

这种想法虽未能产生"产业革命"，但引发了**"战争革命"**。（当然，也不是说在这之后的战争就都是火枪的舞台了）

那就让我们围绕织田家和武田家之间的冲突过程，一点点揭开那场带有革命性的名战役的面纱吧。

不过如同前文的例子，这场战争的真相或许会与各位之前听到的说法略有不同……

好吧，先来聊聊"长篠之战"的大致流程。

在前文讲过的"三方原之战"中，德川家康被武田信玄狠狠修理了一顿。

那之后家康的噩梦仍然没有结束，武田军持续进军，嗒嗒嗒地入侵到三河国境内。

家康此刻的心情多半是：

算"我求求你们了……别再来了，好吗"！！

以上完全是我的个人想象。

也不知道是不是因为老天爷听到了他的心声，武田军突然就"啪"的一下——

突兀地停止了进军。

就在家康等人心说"好奇怪呀""感觉有诈呀""好可怕呀"的时候，武田军仿佛突然想起了什么，飞速班师回甲斐国去了。

对此，家康和信长自然都满脑子问号，那么各位读者意识到发生什么事了吗？

没错。

武田信玄过世了。

信玄本来身体状况就不佳，进入三河之后更是开始吐血，察觉不妙后决定班师回甲斐，结果在半道上就病死了。

信玄的死对于武田军来说是极为沉重的打击，毕竟他是武田军无可替代的中流砥柱……

可对于信长和家康来说，就是千载难逢的良机了。

那个让他俩头痛不已的死敌，不用自己动手就死掉了。该怎么形容这两位的好运气呢？嗯，简直找不到合适的词来形容。

得知这一消息后，家康自然是松了一口气。

不过，或许信长更有如释重负的感觉。

因为这三年来，他一直处于"放眼望去全是敌人"的困境之中，更甚于当初的桶狭间之战时，当真是——

人生的最大危机。

"桶狭间之战"结束后，信长一度相当顺风顺水，直到——（我们先回顾一下）

信长：我说家康啊，接下来咱俩合作吧！啊，北近江（今滋贺县北部[①]）的浅井长政，你把我妹妹阿市娶回家当媳妇吧！对了，信玄兄，要不然把我的养女（龙胜院）嫁给您儿子胜赖？

击溃今川家之后，信长与家康、浅井长政、武田信玄等大名结成了同盟。

信长:太棒了!! 美浓国是我的了!!

经过长期的拉锯战,信长终于战胜斋藤氏,吃下了美浓国(美浓大名斋藤道三是信长的岳父,两方本来关系亲密。但到了道三之子义龙、义龙之子龙兴管事的时候双方交恶,一直你来我往战个没完)。

接着,信长受足利义昭之托护送其前往京都,将其立为第十五任将军之后,顺手将自治都市——堺①也划到了自己的版图之内。

增加盟友,扩张领地,挟将军以令大名,控制京都周边区域。如果信长是创业者,此刻早就有海量媒体过来采访了。如果信长是幼儿园学童,也应该能拿到好多小红花吧。

总体来看,"桶狭间之战"之后的十年间,信长的事业一直处于上升趋势。

所以他趁势做了个决断:

信长:很好!接下来攻打若狭国,然后朝越前国(均在今福井县)进军!

然而在攻打越前大名朝仓家的时候,惊天大危机爆发了。

信长:啊?! 浅井长政打过来了?! 怎么可能!!!

信长的妹夫居然叛变了。
就在信长攻打越前国的时候,他妹妹的老公率兵攻了过来。

信长:长政不可能背叛我的!他可是我的妹夫啊!我把北近江都交

给他管理了，他对我能有什么不满啊!!

家臣:然而事实就是如此……（这人怎么就不信呢！）
信长:若是事态果真如此……

那岂不是被人包抄了！事态极度紧急。

信长拼死率军撤退（史称"金崎殿后"），然而等待他的，是更为严峻的事态。

或许是受到了浅井、朝仓家行动的鼓舞，又或者是平素对信长的不满情绪产生了共鸣——

◆三好三人众

◆六角义贤

◆比睿山延历寺的僧兵团

◆大坂（石山）本愿寺以及信众

◆杂贺[②]众

上述各类武将、僧人、信徒、火枪佣兵团一起对信长展开了攻势。史称"第一次信长包围网"。

信长陷入了四面楚歌的绝境。
面对暴风骤雨般的巨大危机，信长连出冷汗的时间都没有。

信长:嗯……事已至此，那就只好……

为了扭转局势，信长祭出的撒手锏居然是——

信长:行了行了，我知道了！我们议和吧！暂且重归于好，怎么样!!

本愿寺:咦？

六角:啊？

三好:这个嘛——

浅井、朝仓:好吧……

于是信长暂且与其他人"修复"了关系。

加上让朝廷和将军义昭从中斡旋，信长总算从包围网中成功脱身。

然而——

信长:我跟你们没完!!

信长就是信长，不会有"暂且夹起尾巴做人"的想法。

与各方议和后不到一年，他便带兵火烧了浅井和朝仓家的盟友——比睿山延历寺。

但信长的华丽复仇……并未就此展开。

信长:什、什么？武田信玄攻过来了?!

本来与信长关系良好的武田信玄也出人意料地加入到了信长包围网之中。没错，信玄正是在这一时刻加入战局的。

事情还没完。

信长:义昭也出兵了?!

甚至连一度和信长共进退的幕府将军足利义昭也举起了大旗，誓要置信长于死地。

于是乎，信长包围网的成员又增加了：

武田信玄、足利义昭。

此外还有其他大量武将，甚至连伊贺众、甲贺众这样的忍者集团都参与进来，一同张开了声势浩大的包围网。史称"第二次信长包围网"。

以上就是信长当时的状态。

哪怕说得再委婉，信长那几年的情况也是相当不妙。

而就在此时，突然传来这么一条消息：

"信玄死了"。

众叛亲离之下突然听到这么个消息，你说信长能不欣喜若狂吗？

信长：反击时刻到了！！

包围网的最强一环突然掉了链子，对于信长和家康来说可是千载难逢的好机会。双方随即展开了暴风骤雨一般的反击攻势。

信长：你们完蛋了，朝仓、浅井！！

信长依次解决了与自己颇有渊源的朝仓家和浅井家。

信长：义昭兄！咱们就此别过！！

他又将将军足利义昭逐出了京都,随后——

家康:这块领地是我的了!!

家康夺回了一度被武田家占领的领地,并且保持这股势头继续进军,摧枯拉朽般地蚕食着其他土地。
战国最强搭档原地复活,但是——
武田军并未就此倒台。
那场被称为"武田军的噩梦"的战争,还未结束。

译注:
①今大阪府堺市。
②日本和歌山市的地名。

第2节
不好意思，我们是骑兵队……对方有大量火枪，您还让我们冲？

接下来是"长篠之战"的第二部分内容。

按照惯例，我们先来复习一下！

武田信玄过世。

↓

家康表示："死得好！"

↓

信长此时正被第二次包围网弄得焦头烂额，所以更是大喜过望。

↓

两人带兵大闹特闹了一场，但是——

信玄虽然死了，武田军却没有就此消亡。

毕竟死的只是武田信玄这个人，而不是整个家族。

信玄有个儿子，名叫**武田胜赖**。

信长和家康此次的对手，正是这位武田二世。

武田胜赖:信长！家康！这次换我来与尔等过上几招！！

说着他就带兵攻了过来，与对方的战斗，还远远没有结束。

信赖不断攻陷信长和家康的领地，其势头之猛不亚于老爸信玄。

而信赖接下来的进攻目标是长篠城（在今爱知县新城市）和奥平信昌（当时叫定昌）。

"长篠城？奥平？哪个犄角旮旯？谁来着？"

嗯，的确二者都不是太有名。

简而言之，长篠城是家康这边的城池，奥平则是他麾下武将。大家知道这个就够了。

另外多说一句。

信玄入侵三河的时候，曾经一度攻下长篠城，收降了奥平。但信玄死后，家康将二者都夺了回来。这一点也请大家牢记于心。

而此时胜赖打算重新将二者收入囊中。

长篠城所在之地，是连接三河、远江、信浓（今长野县）的交通要冲。自然是个人都会垂涎三尺。

而且此时长篠城的守将正是奥平。这家伙曾经一度听命于武田军，现如今却唯德川家马首是瞻，罪不可赦。

想夺取的城池和想教训的对手正好凑一块了，简直是不亚于草莓大福[①]的梦幻组合。

于是乎，胜赖开始全力攻打长篠城。

他在长篠城以东修建了"鸢巢山寨"，自己则在北侧待机。

长篠城中的守军仅有约五百人。

而包围长篠城的武田军则有一万五千人之多（双方人数均有争议）。

家康：不行！

家康急得像热锅上的蚂蚁。

长篠之战

虽说长篠城地势险要,不会轻易陷落,但毕竟双方兵力差了三十倍之多。

家康:城破只是时间问题!!

必须尽快援救长篠城才行……可单凭家康的兵力,不足以与武田军对抗,如此一来——

家康:信长兄!请求救援!!

果不其然,只能拜托信长了。

信长一听,心想:

"这可是彻底击垮武田家的大好时机!"

当然也可能是考虑到:

"一直以来我这边都自顾不暇,没能好好回应家康的求助……再这么下去的话可能会和家康决裂……"

不管怎样,信长率领足足**三万人马**(具体数字有争议),浩浩荡荡地前往家康所在的冈崎城(今爱知县)。

对战双方如同竞标似的,军队人数不断膨胀。

最后,三万八千名织田与德川的联军从冈崎城出发了。

这里先岔开一下话题……

以往提到"长篠之战",家康给人的印象是不是都不太深刻?

然而读到这里想必大家都已经发现了,"长篠之战"的本质其实是"家康对武田"的领土争夺战,家康才是这场战争的主角。信长说到底不过是"援军"罢了。

然而统领三万大军的信长俨然成了织田·德川联军的统帅,不知不觉中成了战局的主导者。

也正因为如此,现代教科书也好,文艺作品也好,讲到"长篠之战"的时候重心往往都放在信长身上。无论好坏,信长身上的"主角味道"都异常浓厚。

闲话休提。

为了与武田军决一死战,织田·德川联军抵达了长篠城以西的"设乐原"。

眺望设乐原时,信长和家康说道:

信长:真是凹凸不平呀。
家康:真是凹凸不平呀。

开个玩笑。不过设乐原这地方,虽然名字里带个"原"字,地势却相当不平坦(即所谓的丘陵地带)。

信长:很好!就利用这里的地形布阵!!

"设乐原全面改造计划"开始了。

为了抵御敌方骑兵的冲锋,安设栅栏(名为"防马栅")。

削地垒土,堆成堤防(名为"土垒")。

在各处分散布设守军。

如此这般,将设乐原打造得如同要塞一般(人称"野战筑城")。

不仅如此,联军还准备了为数众多的火枪,**数量远超战国时代的任何一场战争,足足有三千支之多**——

长篠之战

所有来犯的敌人都在劫难逃，当真是"火药构筑的蜘蛛网"（也不知道这样说大家能不能理解）。

一切准备就绪，就等着武田军送上门来了。

只要胜赖敢踏足此地，联军获胜就是板上钉钉的事了。

但还有一个问题。

要是对方不攻过来的话……

那可如何是好？

胜赖：不用担心！！我们能赢的！走，我们也去设乐原！！

对方老老实实地来了。

胜赖不理会从信玄时代就辅佐武田家的老家臣们的意见，一意孤行率军前往设乐原，隔着小河（连吾川）与织田·德川联军对峙。

信长：敌人来了！！这可是千载难逢的大好时机！！

信长大喜过望，胜利的天平又朝他倾斜了一些。

信长：开会了！开始拟订作战计划！

织田与德川的联军召开了联合会议。

酒井忠次（家康家臣）：我建议突袭鸢巢山寨！若能攻下鸢巢山寨，一方面可以搭救长篠城，另一方面还可以断了武田军的去路！

信长：荒唐……无稽之谈！会议结束，都散了吧！

忠次：怎么这样……（忠次沮丧地耷拉下脑袋，准备离席）

信长：酒井，你过来一下……你方才的提议相当不错。

忠次：咦？

信长：但方才的会议中可能混入了武田军的细作，迫不得已我只得驳回你的提议。突袭鸢巢山寨是正确选择，而这项重任，我想托付给你来完成。

忠次：啊……末将领命！！

感觉这段故事有点儿罐装咖啡广告的调调（从氛围上来说）。

酒井忠次是有名的"德川四天王[②]"之一，是相当于家康左膀右臂一般的人物。以他这种身份与信长进行私下里的深度沟通……老实说不太可信（抱歉，扫了大家的兴）。

但不管怎么说，酒井忠次确实率领别动队突袭了鸢巢山寨。

忠次趁着夜色带兵悄悄绕到了鸢巢山寨的后方。待到天明之后——

忠次：杀呀——

他下令发动突袭，噼里啪啦三下五除二地攻陷了好几座要塞。

如此一来，就达到了救援长篠城的目的。

而此刻，信长、家康、胜赖齐聚一堂的主会场上——

胜赖：碾碎织田与德川军——

哗啦哗啦，嘎啦嘎啦，吧啦吧啦！！

胜赖军开始进攻织田与德川的联军。

然而——

织田家臣:火枪队就位!!

沙沙!咔嚓!
就在武田军的骑兵队开始冲锋的时候——

织田家臣:开火——

一阵"砰砰砰"的枪声响起。

武田骑兵队:哇啊——

枪声四起。

织田家臣:开火——

又是一阵"砰砰砰"的枪声响起。

武田骑兵队:哇啊——

火枪开火!
砰砰砰砰砰砰!!!
冲啊!!!
火枪开火!
砰砰砰砰砰砰!!!
哇啊!!!
火枪开火!

砰砰砰砰砰砰!!!

就这样,武田骑兵队前赴后继地发动冲锋,而迎接他们的,是无穷无尽的火枪子弹。于是,不断有骑兵中弹落马。

当时的火枪每射击一次,所需的填装时间大约是三十到四十秒,所以常规应对方法是"趁着火枪队换弹的间隙冲锋就行了"。但此次织田和武田的联军投入的火枪数量之多,足以颠覆这一常识。

面对信长所布下的攻(火枪)防(防马栅)体系,战国最强的武田军骑兵队跌落了神坛。

不仅如此,胜赖还损失了不少优秀的家臣和为数众多的士兵。

胜赖很快便意识到大势已去,选择了撤退。

这一瞬间,属于**织田与德川联军的历史性胜利**已然到来。

以上便是"长篠之战"的大致流程。

但其实我们还没有谈及那个至关重要的内容。

下一节我们将来谈谈"长篠之战"的核心内容,关键词自然是"火枪"。

译注:

①一种日式甜点。外层是糯米皮,里面的馅料是草莓,口感香滑软糯,有清爽的草莓果香。

②指德川家的四位重要家臣,分别是酒井忠次、本多忠胜、榊原康政、井伊直政。

第3节

咕噜咕噜——咕噜咕噜——来，继续滚——咕噜咕噜——咕噜咕噜……

本节是"长篠之战"的收尾内容。

此战的大致流程已经讲完……那么，还是先来复习一下。

武田胜赖包围了长篠城。
↓
家康心想"大事不妙"，向信长求援。
↓
织田·德川联军与武田军在设乐原开战。
↓
面对敌方精心布设的阵地以及大量的火枪……
↓
武田军骑兵队伤亡惨重。

战斗以"织田·德川联军大获全胜"告终。

经此一役，武田家元气大伤。虽然在这之后还苟延残喘了几年，最终还是被灭于信长之手。

至此，信长"日本头号大名"的地位已然不可动摇（其实在此之前就已经是了）。

接下来，让我们换个话题。说到"长篠之战"，那就不能不提火枪

上回书说到，联军在"长篠之战"中用到了大量的火枪。虽说火枪是本场战争的重头戏，但可能有很多细节大家还不甚清楚。

如果是昭和年代出生的读者（差不多是各位十三岁读者的父母、祖父母那一辈的年纪），想必都在学校里学到过这么一种说法（平成年代①出生的读者大概也一样吧）：

三段击

填弹 → 准备射击 → 射击

"在'长篠之战'中，火枪的使用方法为'三段击'。"

没错，当时的火枪（火绳枪）用起来非常耗时。

首先需要往枪口塞入火药和子弹，用棒子捅进去之后压实才能射击……总之准备工作相当烦琐，枪手往往会在准备过程当中被干掉。

或许也正因为如此，"长篠之战"爆发之前，火枪并未活跃在历史舞台之上。

但革命派信长所发明的"三段击"，成功弥补了火枪的这一缺陷。

将三千人的火枪队分成三行,每行一千人。

↓

第一行的一千人同时开枪射击。

↓

这时第二行与第三行的士兵做填弹准备。

↓

第一行的士兵射击完毕之后,绕到最后方做填弹准备。

↓

第二行的士兵上前射击。

↓

按照这一顺序不断重复,便能实现无缝连续射击。

这便是划时代的超级战术——"三段击"。

的确是相当厉害,想出这种战术的时候,不知道信长是否有种灵光一现的感觉呢?

然而事实上,所谓的"三段击"——

并不存在。

据说是这样。

看到这里,想必很多人会丈二和尚摸不着头脑。

其实这一说法很早就已经出现,现如今已经成为主流:

"'长篠之战'中,并不存在所谓的'三段击'战术。"

这基本上已经是板上钉钉的结论了。

原因有以下几点:

◆所谓的"一千人排成一行同时射击"不太现实,因为不可能刚刚好这一行的所有人前方都同时出现敌人(你想想是不是这个理)。

所以真这么操作的话,前方没有敌人的士兵就得放空枪。

"……非常抱歉!刚刚我对着空地开了一枪!"

这样未免太浪费弹药了。

◆填弹的熟练度因人而异,要想同时射击的话,就得配合上弹最慢的人的节奏,很难把握最佳射击时机。结果往往变成这样:

"请、请等我一下!""混账东西,快开枪!敌人已经近在眼前了!你会害死我们……呜哇!!"

◆那个时代的火枪需要填入火药后直接点火,一个不小心就会炸膛,那可就惨了,更别说几千人挤在一块儿了。说不定就会爆炸声此起彼伏,炸个没完。

◆更重要的,是可信度较高的史料《信长公记》中没有半点关于"三段击"的记载。

综上所述,"所谓的'三段击'……并不存在"。

此外,"火枪数量"也存在疑问。

"三千支火枪"的记载见于史料《信长公记》中,但事实上是"千支"的旁边被人加了个"三"字,所以就变成了"三千支"。

"这是个什么情况?是太田牛一[②](作者)做的订正吗,还是说后来谁做了修改?太田撰写的《信长公记》还有其他版本,但里边写的是'千支'。所以其实应该是一千支才对吧?"

总而言之,火枪的数量现在并无定论,究竟是一千支还是三千支?

长篠之战

真相依旧处于迷雾之中。

不过嘛,若是有人觉得:

"哎,就这么几支火枪的话,也没啥大不了的吧?"

那火枪未免也就太可怜了。

火枪同学可能会因此学坏,离家出走,变身成翘家火枪,自己往枪体里装入很多很多的火药,最后引发大爆炸……(我也不清楚自己到底想表达什么)

所以我们对前面的说法做一些补救——

首先,即便只有一千支火枪,依旧是表示颇为庞大的数量。

此外史料中还有这样的记载:

"将一千支火枪交予佐佐、前田……(总共五人的名字),任命其为火枪奉行……"

换个角度解读的话,就是"分给这五名家臣的火枪数量为一千支"。

那也就是说,织田·德川联军所拥有的火枪总数可能会更多(根据记录,光是前往突袭鸢巢山寨的别动队就配备了五百支火枪。当然,这里只是说"可能")。

再有就是,我们说"三段击"多半并不存在,主要是指一千支火枪"同时射击"这种做法缺乏可行性。

但假如将队伍分配在各处,命令其轮番射击的话(也就是所谓的"连续射击")——

效果必然非同凡响。

所以呢,尽管有关火枪的很多细节尚不明朗,但有一点可以确认——那就是在"长篠之战"中,火枪发挥了极为重要的作用。

那么,从"长篠之战"中,我们可以看到什么呢?

"应该像充分发挥了火枪功用的信长那样,不断学习使用新工具和新技术！"

如果只能想到这些，我倒是觉得还有待商榷。

假如我们将目光投向整场战争的结果，最为引人注目的将会是：

"不单单只依赖火枪的信长"。

（当然，这依旧只是我的个人意见）

"长篠之战"中，织田·德川联军取胜的最大原因，并非使用了火枪——

"关键还是因为军队的人数比对方多。"

这才是重中之重的原因（尽管存在争议，但一般认为织田·德川联军人数为三万八千，武田军人数为一万五千）。

还有就是——

"布阵（野战筑城）也很重要。"

"攻下鸢巢山寨后，成功从后方向敌人施加了压力。"

如此这般，各路专家看法不一。

但大多数人都认为"火枪并非联军取胜的最大因素"。

信长因"桶狭间之战"名扬天下，给人较深的印象往往是：

"擅长以寡胜多，屡出奇策。"

但其实"桶狭间之战"反倒有点"非典型"。

在那之后，信长往往都会先集结足够的兵马、物资，**准备妥当之后，再稳扎稳打地和敌人开战**（原则上是这样）。

日常生活中，当我们面临某些挑战的时候，为了能够打破僵局、有所进展，往往会期待创新性的思路和各种新技术。

但"长篠之战"中，信长的做法则告诉我们：

"在打算采用新技术和新思路之前，不妨先确认一下手中握有多少筹码。"

看起来似乎是非常"理所当然"的结论，但无论身处什么领域，"打好基础"始终是重中之重。

"新力量"就如同喷射装置一样，是唯有基础牢固者方可使用的"加速器"（以上均为个人见解）。

下一章要讲的故事非常有名，为了避免各位失望，先做个预告。

下一章讲——"本能寺之变"。

敬请期待。

译注：

①昭和与平成均为日本年号，昭和的使用时间为1926年12月25日到1989年1月7日，平成的使用时间为1989年1月8日到2019年4月30日。

②太田牛一（1527—1613），日本战国时代至江户时代初期武将，通称又助、和泉守，著有日本重要史料《信长公记》。该书有多个版本传世，称有火枪三千支的是冈山大学附属图书馆池田家文库所藏的"池田本"。

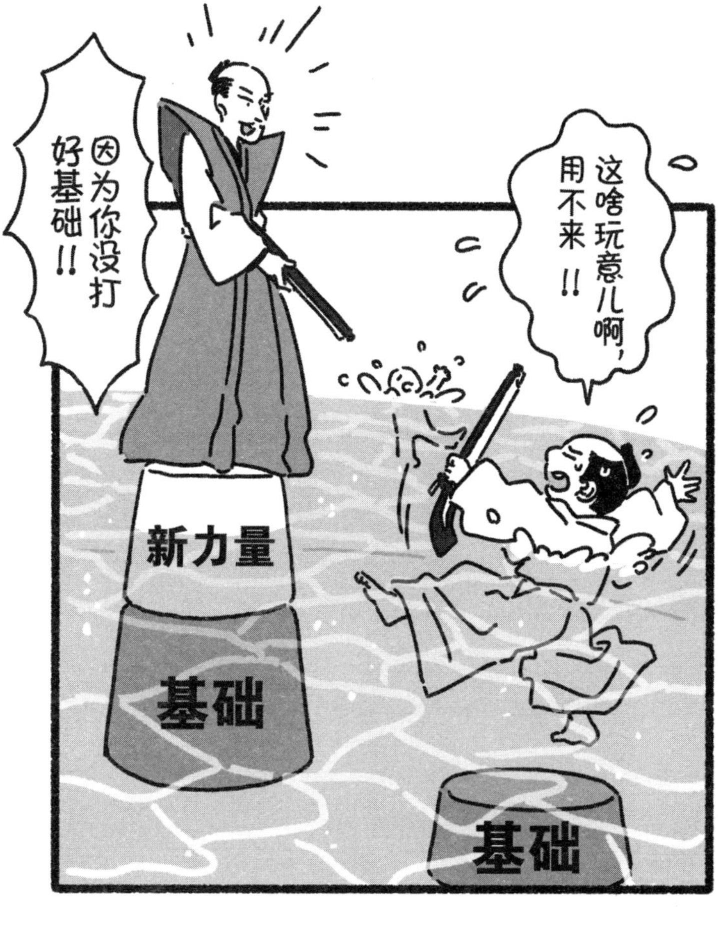
因为你没打
好基础!!
这啥玩意儿啊,
用不来!!
新力量
基础
基础

本能寺之变

本能寺之变

第1节
消逝于烈火中的英雄

"本能寺之变"恐怕是日本最著名的历史事件了吧。

相信很多人都知晓该事件的具体内容,一言以蔽之:

"织田信长杀人事件"。

(其实他是自杀的)

如果要说得再具体一点儿——

1582年,织田信长在京都本能寺遭到家臣明智光秀偷袭,当场殒命。织田信长之死震惊了所有人。由于"取天下者(夺取天下之人)"的突然退场,当时各路武将的立场发生了戏剧性的转变。

内容大概就是如此。

在争夺天下的竞赛中,一直冲在最前头的信长突然身亡——在群雄纷争的战国时代,这无异于是最高等级的重要历史事件。

更为关键的是,信长是死于谋反(家臣背叛),所以其恐怖等级就得又往上提一级了。

此外,"本能寺之变"如此有名的另一个原因还和明智光秀有关。

不过在此之前,我们先来过一遍事件的大体流程吧,否则你们可能根本不知道我在说什么。

事不宜迟，现在就开始吧。

"本能寺之变"最重要的一点——

不对不对，在此之前应该先把流程捋清楚。

这之后才好具体聊"事件如此有名的原因"以及"重要的点"这些内容。

"本能寺之变"，开讲。

"长篠之战"七年后。

信长与家康联手，剿灭了东日本的最强劲敌——武田家（史称"甲州征伐"）。 在历经长时间征战后，信长成功侵吞掉了武田家的领土，由于家康助战有功，便有了下面这一幕——

信长：家康老弟，骏河国就归你了。

家康：咦，此话当真？感激不尽！！

信长将骏河国赠予了家康。

家康兴奋得手舞足蹈，心想"得好好谢谢信长才是呀"，于是便前往信长的主城安土城（位于今滋贺县）登门拜访。

家康：信长兄，万分感谢您将骏河国赠予在下！

信长：客气个啥！咱俩谁跟谁！难得来一趟，你就多待几日吧！小样儿，看我不好好款待你！哈哈哈……哦，对了，这几日你要是缺些什么，想要些什么，尽管吩咐这家伙就行。光秀，把气氛搞起来。

光秀：嗨起来。

当时负责招待家康的人，正是引发"本能寺之变"的罪魁祸首——

明智光秀。

（上边那些诙谐的对话内容大家可以无视）

安土城接风宴上，信长、家康、光秀，以及战国时代的其他重要推手们齐聚一堂。

信长和家康相谈甚欢，"你是不是瘦了点？""嗯，我比以前胖了哟。"（当然了，他们并不会聊这么细碎的话题）就在两人勾肩搭背聊得正开心的时候——

有人送来一封信。

写信的人，是另一位重要人物：

羽柴秀吉（即丰臣秀吉）。

信的内容如下：

秀吉：信长大人！我军在进攻毛利家臣把守的备中高松城（在今冈山县）时，遭遇了毛利军的主力部队！为了一举击溃毛利军，恳请信长大人出兵援助！！

毛利家是几乎控制了吉备国[①]全域的超级大名。如果说东日本的终极大佬是武田的话，西日本的终极大佬便是毛利了。

当时的秀吉，是进攻吉备国的织田军队的统帅。

他联络信长的目的，自然是"毛利军终于出击了！信长老大，帮帮我"。

接到秀吉的联络之后——

信长：此乃天赐良机（信长这人比较相信天命）！我要亲自领兵出征，击溃吉备国的所有敌人，顺势踏平九州[②]！"

他瞬间进入了战争模式。

信长：光秀！你不用招待家康老弟了！我命你为援军先锋，现在立即驰援秀吉！

光秀：末将领命！

信长命光秀出兵前往吉备国。
这之后的两个星期里七七八八发生了不少事，最后爆发了"本能寺之变"。

咦？

也对。
大家肯定觉得太突然了，对不对？
最让人费解的地方，无非——

"这两个星期里发生了什么事……"

那就让我们一起来看看吧。
◆秀吉的信是天正十年（1582年）五月十七日寄到的（差不多应该是这个时间）。
◆"本能寺之变"是六月二日发生的。

本能寺之变

　　这个时间间隔正好是两个星期［顺带一提，明治五年之前，日本使用太阴历（旧历）。大月为三十天，小月为二十九天］。

　　如果知道这期间信长和光秀之间发生了什么，大家应该就会恍然大悟，从而能更好地去理解"本能寺之变"的前因后果。

　　所以接下来我会将"直到'本能寺之变'前一天为止两人的所作所为"揉细掰碎，告诉大家。

　　同时还会将《信长公记》（太田牛一著）这本史料进行大改造，以"可爱绘本日记"的形式呈现给各位读者（说是绘本，但并没有图）。

译注：

①位于日本本州岛西部，即山阳道和山阴道地区，由鸟取县、岛根县、冈山县、广岛县、山口县组成。

②又称为九州岛，位于日本西南端。

第2节
六月二日

本节是"本能寺之变"的第二部分。

还是先复习一下。

信长与家康携手打败武田,在安土城开心地办派对。
　　　↓
秀吉来信,请信长出兵备中地区。
　　　↓
信长说:"光秀,你先走一步!我随后就到!"
　　　↓
两个星期后,发生了"本能寺之变"。
　　　↓
那么,到底发生了什么?

所以我们有必要回顾一下"本能寺之变"两个星期前发生的事情。

其中,是否存在事件的导火索呢?

让我们以"可爱绘本日记"的形式(说是绘本,其实没配图),追溯一下这两个星期之内这两人的经历吧。

请看——

本能寺之变

信长的5月17日至6月1日

5月17日

秀吉来信了。信长心想"总算能和毛利一决雌雄了",于是让光秀等人先行驰援秀吉。

5月19日

信长和家康一同观赏了舞蹈表演(幸若舞)。表演十分精彩,因此信长心情愉悦。

但因为结束得较早,便让预定次日表演能剧[①]的人提前一天进行了表演。

然而能剧的演出效果很差,信长勃然大怒。

于是他让之前跳舞的人重新跳了一回。舞蹈依旧精彩,信长的情绪也得到了平复。

5月20日

信长重新选定了招待家康的人选。

随后与家康及其家臣们一道用餐。信长似乎很尊重家康等人。

5月21日

家康等人前往京都和堺市(今大阪府)。

信长建议说:

"难得来一趟,你就好好参观一下京都、大坂、奈良以及堺市吧!"

信长替家康选了导游,并命其他家臣"好好在大坂款待家康老弟"。

5月29日

信长前往京都,并交代留守的人说:

"做好战斗准备随时待命,一旦接到命令就立刻出击。"

他带着少量人马,来到了每次去京都都要住上几日的本能寺。

6月1日

信长举办了茶会。会上来了很多人,最后大家还一起喝了酒。信长之子信忠也喝了酒。

信忠回去之后,信长看别人下围棋看到很晚。

光秀的5月17日至6月1日

5月17日

光秀接到信长"你先行前往吉备国"的命令,于是来到自己的主城坂本城(今滋贺县),开始备战。

5月26日

光秀离开坂本城,朝吉备国进军。途中停在了龟山城(光秀位于京都的城池)。

5月27日

光秀前往参拜爱宕神社[2]。

不知是否因为心中有事,他连续抽了两三次签。

当晚,光秀在神社过夜。

5月28日

光秀在爱宕山的威德院西坊举办连歌大会〔所谓的"连歌",指的是由不同的人分别咏唱上句(五七五)和下句(七七),然后连在一起形成完整和歌的游戏]。

光秀首先上来唱了一句：

"方今之时，细雨纷飞五月天。"

之后，又咏百韵（百句）[③]，向神灵祈愿之后，光秀回到了龟山城。

6月1日

夜深之后，光秀将自己打算杀害信长的计划告诉了诸位重臣（即位高权重的家臣）。

从龟山前往吉备国，正常来说需要翻越三草山。但光秀改换方向，径自往东去了。

他给兵将们的解释：

"翻越老之坂，绕过山崎，通过摄津。"

而爬上老之坂后，向右走是山崎，向左下山则是通往京都的道路。

光秀等人选择了左转下行，渡过桂川之后，正好天刚刚亮。

以上便是"我们的'本能寺之变'"。

完全看不出任何导火索，对不对？

没错，根本没有什么导火索。既没有什么"重要的人被伤害了"的戏码，光秀也没有遭受任何诸如你被炒鱿鱼了之类的职场语言暴力，更没有记录表明他遭受过任何背刺。

6月1日，光秀突然就表示要"干掉信长"。当然，如此重要的决断，很可能他早就对重臣们有所透露（只是有可能）。

5月27日，光秀如果是因为考虑信长的事情而"连抽好几次签"，或许那时候他的脑中已经浮现出了"干掉信长"这一选项。

这样看来，杀害信长的导火索或者是动机，可能在这两个星期之前就已经存在。所以一旦出现信长仅带领少量人马行动的机会，他就会……

不管怎么说，**光秀弑主的原因依旧是个谜。**

但唯有"此时的光秀铁了心打算谋反"一事，是确凿无误的事实。

于是乎——

光秀率领的大军没有前往吉备国，而是朝着位于反方向的京都本能寺而去。

决定信长与光秀命运的日子即将到来……

时间来到"本能寺之变"当天。

6月2日，清晨。

朝阳初升，明智军将本能寺围得水泄不通。

本该前往抗击毛利军的大批人马，此刻争先恐后地拥入信长歇脚的寺庙。

现场顿时一片混乱。

脚步声、枪声、长枪的突刺声如同昭示主从关系崩盘的杂乱音符，共同构成袭击信长的序曲。

此时此刻，即将丧命于凶刃之下的人们尚未意识到危险即将到来。

信长完全没有想到麾下重臣居然会与自己兵戎相见。他一开始还以为是外边有下人在争吵，但立马察觉情况不对。

明智军：杀呀——

震天的杀伐声仿佛要将本能寺整个吞没。

紧接着——

砰砰砰砰砰砰!!!

火枪声不绝于耳。

本能寺之变

信长恍然大悟。

信长:有人谋反？到底是何人作乱？

被主公这么一问，信长的小姓（大人物的侍从）森兰丸回答道：

兰丸:似乎是明智军！

兰丸的回报宣告了光秀的叛变。
闻言，信长说出了那句话。

信长:事已至此……

明智光秀麾下人马共计一万三千人。

面对整装待发、本该与毛利军交战的明智大军，此时信长驻扎在本能寺的兵力仅有小姓及御番众（类似警卫）数十人。

接下来发生的事情根本无法称为战争。

明智家臣:杀呀——
明智军:杀——

本能寺被暴力的狂潮吞噬。

面对不断闯入的明智军士兵，信长等人根本不是对手，也完全不具备应对海量敌军的手段。

然而——

侍从们：跟他们拼了！！！

面对人多势众的敌军，信长的家臣们发起了反攻。

尽管突如其来的袭击一度令侍从们有些慌乱，但他们很快便重燃斗志，为了不辱使命，勇敢地和敌军正面交锋。

他们冲入敌阵当中，挥刀乱砍，就算拼上性命也要阻止明智军前进的脚步。

侍从们心中只有一个信念：

守护他们的主公。

此时此刻，就连信长本人也一样——

明智家臣：杀——杀呀——信长的首级就在前方！！

嘎吱……嘎吱嘎吱……

明智军：哦哦哦哦哦哦哦！！！

嗖！

信长执弓在手，不断放箭。

弓弦断了就换另一把继续放箭，待到无弓可用之时，信长便操起长枪，直面不断袭来的敌人。

再度身处战场之中，信长仿佛看到了年轻时的自己。彼时的他意气风发，正在桶狭间与劲敌今川义元血战。

然而奇迹没能再度降临在信长身上。

熊熊烈火吞噬了御殿，双方兵力悬殊，织田家的家臣们一个接一个地倒在了血泊之中。

本能寺之变

信长也被敌人的长枪刺伤了手肘。

信长：让所有女人先走一步，速速逃离此处！！！

一众女房（女性用人）逃离之后，信长已经认命了——此处便是自己的埋骨之所。

本能寺被大火吞噬。

信长独自朝御殿深处走去。进入房间之后，他带上门，在一片分崩离析中结束了自己的生命。

时年四十九岁（满四十八岁）。

织田信长于战国时代留下了难以磨灭的印记，却没有任何人见证他离世的瞬间。

以上便是"本能寺之变"的大致经过。

在这之后，驻扎在不远处的信忠（信长长子）也遭到光秀围攻，自杀身亡。

至此，光秀的谋反大计已全部完成。

无论回顾多少遍，"本能寺之变"带来的强烈冲击感都不亚于小行星撞击地球。

大致过程我们算是讲完了。

不过到目前为止还没有提及"光秀背叛信长的理由"，大家是不是还有点迷糊？

那么下一节我们将谈及"本能寺之变"的最大关键点——明智光秀的动机。

译注：

①日本最主要的传统戏剧。主要以日本传统文学作品为脚本，在表演形式上为辅以面具、服装、道具的舞蹈。

②位于今京都府京都市右京区爱宕山山顶，是日本全国约九百座爱宕神社之总社。

③连歌形式的一种，又称"百句"。指交互咏唱的上句和下句共计一百句。

第3节
动机：光秀杀害信长的缘由

本节是"本能寺之变"的第三部分。

首先还是复习环节！

信长带着少量人马住宿在本能寺。
　　　↓
本该前往吉备国的光秀突然向本能寺进军。
　　　↓
"本能寺之变"爆发。
　　　↓
等等，光秀的动机到底是什么……

前一节的预告说，第3节会聊聊光秀的动机……

抱歉，我办不到。

要说原因——

因为我也不知道呀。

没错。

光秀背叛信长的"真正原因"，至今仍是个谜。

事实上这也是"本能寺之变"如此知名的原因之一。

光秀为什么要背叛信长？由于现存史料中完全没有关于他"动机"

的记载（至少目前没有发现这类史料），所以其真正原因一直是个谜。

也正因为如此，围绕光秀谋反一事存在着各种各样的推理推论推测臆测、猜想梦想假想妄想、假定推定断定设定……各种专业业余人士齐上阵，七嘴八舌众说纷纭莫衷一是不可胜数。对于娱乐来说更是取之不尽，用之不竭的绝好素材。

谁让它是"本能寺之变"呢？

话又说回来——

关于光秀的动机，你要说全无线索……倒也不准确。

不知各位是否知道，一直以来存在这样一种说法？

"信长是个性残暴的改革派，而光秀则是一板一眼的保守派。故而后者越来越看不惯前者的所作所为。"

也就是说，基于思考方式和性格的差异使然，"两人之间出现了难以弥合的鸿沟"。

一个比较好理解的例子就是：

"火烧比睿山延历寺"。

（具体请参考《长篠之战》的第1节。）

简而言之——

信长打算进攻与自己敌对的延历寺，但光秀对此大为反对。"信长大人，万万不可攻打寺庙！还请三思啊！""闭嘴，我说什么你就做什么！"信长大为光火，坚决下令攻打延历寺。此战之中，织田军虐杀了大量延历寺僧人，连与寺庙有关的妇女儿童都没放过。最后一把火将比睿山和延历寺烧成了废墟。

见此光景，光秀心中大为不满："罪过啊……信长大人，你做得太过分了！"

大致就是如此（如果想了解详细内容，请找更为详尽的书去看看吧）。

各位觉得如何？

以光秀那"一板一眼且保守"的个性，确实难以认同信长"过于残暴"的所作所为。所以两人之间势必会产生裂痕。

是不是觉得"本能寺之变"导火索的真相已经呼之欲出了？

不过上述论据其实是……站不住脚的。

原因在于，这两人的真实性格并非如此。

"啥玩意儿？信长不是个性格残暴的改革派吗？大家都这么说的呀。"（笑）

可能有人会这样反驳我。确实，如果我们整理一下信长到目前为止所表现出的形象特征——

"战国时代的改革派，才华横溢，满脑子都是创意！"

"顺我者昌，逆我者亡，残忍而凶狠的独裁者！"

"将传统以及自古以来的社会体系毁灭殆尽，试图凭借武力一统天下的超级英雄！"

大概就是这么些吧？

然而最新研究成果表明，"真实的信长"其实和大家的固有印象……

几乎完全相反。

好吧，"几乎完全相反"可能有点夸张，但至少"真实的信长"和"固有印象中的信长"还是有不少差异的。

那么，光秀也是一样。

具体有哪些差异呢？

还是以刚才提到的"火烧比睿山延历寺"一事为例，与流传已久的说法所不同的是，真实的"火烧比睿山延历寺"事件中，"或许并没有烧得那么惨"。

当然这也只是一种说法（近期的比睿山考古调查结果表明，在信长所在的时代以前，大部分建筑早已荒废。所以信长烧毁的可能只是"极少的一部分"）。

但猛攻比睿山一事是真实存在的。在信长的家臣中，曾有武将下令"不可放过任何一名协助过比睿山的村民"。听到同侪下达如此残酷的命令，光秀会不会生气呢？并不会，因为这道命令——

根本就是光秀自己下达的。

没错，光秀并没有表现出不满。不仅如此，**攻打比睿山的时候最卖力的就是他**。

也就是说——

光秀其实积极参与了烧毁比睿山延历寺一事（有这种可能性）。信长到底有多残暴已不可考，光秀也并非保守派，反倒相当激进。

这两人之间，不该有多大的龃龉。

那么信长和光秀的真实关系是怎样的呢？

所以要探讨"本能寺之变"，最重要的一点在于：

"信长和光秀到底是怎样的人"？

这是个不可回避的问题。

光秀为什么要叛变？信长为什么会被人叛变？如果不弄清两人的真实形象，一切都无从谈起。

跳过以上这些，上来就大谈"动机"的话，无异于缘木求鱼。

本想好好聊聊明智光秀这个人的，不过聊起来的话篇幅会拖很

本能寺之变

长……那就留到下一章一起讲吧!

"光秀是这样的人吗?!信长是这样的人吗?!"

让我们下一章来谈谈这样的话题吧。

织田信长与明智光秀

第1节
咦？光秀是这样的人吗?!

本章继续聊"本能寺之变"的故事。

当然首先还是复习之前的内容。

"本能寺之变"中，明智光秀的动机是个谜。

↓

不过在聊动机之前，得先知道光秀和信长是怎样的人。

↓

否则的话，一切都无从谈起。

所以我们要先对长久以来织田信长和明智光秀之于大众的固有印象做一番深挖，尽可能地还原两人在历史上的真实形象。

首先从明智光秀开始吧。

大众对于光秀的固有印象，除"一板一眼的保守派"之外，就是"背叛了上司（信长）的坏家伙"。数百年来，他一直被贴着"大恶人"的标签。

如果将固有印象和标签结合一下，那就是：

"长期一板一眼导致心态爆炸，最后犯下滔天罪行的罪人"。

光秀的确发动了叛乱，说他是恶人倒也无妨。

但单凭性格和罪过，就提出"光秀到底是一名怎样的武将"的观点是难以让人信服的。

所以我打算先简要说明一下"光秀的工作态度"以及"他在织田家的地位",以此作为切入点,为明智光秀这名武将画个像。

首先介绍光秀成为信长家臣之前的经历。

那是个谜。
结束。

抱歉,光秀的前半生就是这么谜团重重。

据说他出生于美浓国,但出生年月以及双亲的姓名均有争议(死亡年龄也有五十五岁和六十七岁两种说法,差得还挺多)。

青年时代的经历大体上也是"大概侍奉过美浓的大名斋藤氏以及越前的大名朝仓氏"这样模模糊糊的表述,绝大多数经历都是"应该""据说"而已。总之,人生的方方面面都掩藏在谜团之中。

但当光秀从足利义昭那里跳槽到织田信长手下之后,他的人生轨迹逐渐变得清晰了。

足利义昭是室町幕府第十三代将军足利义辉的弟弟,在"长筱之战"中也曾短暂登场。

义昭本来在兴福寺出家当和尚,但后来他哥义辉被家臣暗杀,幕府陷入混乱。

于是义昭就表示说:"我来继任将军吧!麻烦哪位行行好,把我的对手都解决掉,然后送我去京都!"

随后便开始物色能把自己送上将军之位的大名。

义昭向各路大名抛去橄榄枝,但当时大家都自顾不暇。后来义昭前往越前国求助于朝仓家的时候,将光秀收作了家臣。

织田信长与明智光秀

尽管义昭迫切地想成为将军，但朝仓家这边却迟迟不肯表态。

就在义昭焦躁不安的时候，光秀发话了：

"义景（朝仓）这人靠不住！不如去拜托信长吧！"

据说光秀和信长的妻子浓姬（斋藤归蝶）是表兄妹关系，又或者有其他形式的血缘关系（只是据说），所以对信长的为人有所了解（有这种说法，但缺乏实据）。

从那以后，"撮合"了义昭与信长的光秀也成了信长的部下，同时拥有义昭与信长两位上司（后来他成了信长的专属家臣）。

改仕信长之后，光秀的存在感顿时变得极为强烈。

一连串的历史事件当中，他的活跃都让人目不暇接。

正如前文所说：

◆他在攻打比睿山的战役中相当卖力。

◆信长进入京都之后，他受命出任京都奉行，管理行政、司法工作。

◆在带兵攻打强敌丹波国（位于今京都、兵库一带）的同时，还

与本愿寺、毛利氏有过交战。

"也就是说，织田家的重要事件光秀几乎都有参与喽？"

如此高强度地工作居然身体没垮，堪称铁人（不过其实攻打本愿寺的时候他确实病倒过，看来还是超负荷工作了啊）。

光秀不但擅长带兵打仗，内政也是一把好手。

若以公司体制来比喻，那就是能营销、人事、法务、会计一把抓的多面手。

换作RPG①的话，那就是精通"物理攻击+伤害魔法+治疗魔法"的混合职业。

用恋爱打比方的话，那就是"美女+富家女+女学霸+历史爱好者+森女+户外爱好者+大海+河川+一望无际的草原+……"，简直是被上天眷顾的人物。

总之，光秀就给人一种"无所不能"的感觉。

既然光秀这么全能，往上爬的速度当然也非常之快。

虽然普罗大众一般觉得信长的家臣之中最快混出名堂来的人是丰臣秀吉，但最早从信长那里受封领地的人，其实是光秀。

光秀在出人头地的阶梯上"嗒嗒嗒"一路狂奔，成为织田家的重臣之后，更是被委任了近畿地区②的管理权。

换作现代，那就是公司的社招人员没干多久就升职为高管，还兼任近畿地区分公司的总经理。所以大家能理解光秀有多顺风顺水了吗？

总结一下——

不断被委以重任，深得信长信赖，是织田家（主要是织田信长）不可或缺的多面手、得力干将。这个人——

明智光秀。

如何？

那些对光秀有先入为主看法的人，此刻是不是有些诧异呢？

长期以来被"恶人""保守派"之类表述笼罩的明智光秀，其实是一名极为优秀的武将。

接下来让我们看看**真实的**织田信长是个怎样的人。

译注：

①指角色扮演游戏。

②位于日本本州岛中西部，一般包括京都府、大阪府、滋贺县、奈良县、三重县、和歌山县、兵库县等两府五县。

第2节
咦？信长是这样的人吗?!

本节是"织田信长与明智光秀"的第二部分。

还是先简单地复习一下。

要想了解"本能寺之变"，首先要了解信长和光秀。
　　↓
光秀是一名超级优秀的武将。
　　↓
那么信长又如何呢？

我们来继续聊聊真实的织田信长吧。

信长以横扫千军之势攻占了大片领地。

就这方面来说，他确实很了不起，算得上是前无古人（其他的战国大名可没人办得到）。

可如果因此就说"信长能有如此丰功伟绩，是因为他与众不同"，将他标榜成魔法师甚至大魔王的话……是否符合史实呢？

"战国时代的改革派，才华横溢，满脑子都是创意！"

"顺我者昌，逆我者亡，残忍而凶狠的独裁者！"

"将传统以及自古以来的社会体系毁灭殆尽，试图凭借武力一统天下的超级英雄！"

这些有关信长的刻板印象，有几分真、几分假呢？

我们赶紧来看看吧。

首先是第一点——
"战国时代的改革派,才华横溢,满脑子都是创意!"
正如前文所说,"桶狭间之战不存在突袭""长篠之战不存在'三段击'"。如此一来,信长身上的传奇色彩就会大打折扣,不过比起"改革派"这一标签,与他相关的另一个关键词其实更值得重视,那就是:

"乐市乐座"。

想必各位因为教科书和考试对这个词已经毫不陌生了。所谓的"乐市乐座",指的就是"让买卖更好做"。

(好啦,我会正经解释的)

"乐市乐座"的重点,在于"市"和"座"。

市=市场

座=工商从业者协会(类似)

在古代,"座"的人要向贵族和各种寺庙、神社缴纳税金,以换得独占市场销售权以及各种收益,所以当时的商业自由度相当低下。

换句话说,如果你是个新人,人家压根儿不带你玩。

但信长当时就发话了——

信长:我说啊……今后可不能这样了!这样下去城市和经济规模都发展不起来!应该收回工商从业者协会的特权,也不再向市场收税!我要打造出一个任何人都可以自由经商的街市!

他有没有说得这么热血我不知道,但"乐市乐座"确实打破了一直以来的游戏规则。

正所谓——

开始自由贸易—人员聚集—经济活力提升—城镇繁荣。

还不止如此——

没有税金—最开始没有收益—但城镇会因此变得繁荣—最后落入信长口袋的税金反而增加了，乐哉乐哉！

大致上就是这么个流程（简单来说就是将经济变现延后，结果大获成功）。

大家是不是觉得"单就这一点来说也挺像改革派的"？

没错。打破墨守成规的游戏规则，获取超乎寻常的经济利益——信长的所作所为的确堪称改革急先锋，但是——

上述行为并非信长首创。

在信长之前很多年，就有一位名为六角（即六角定赖）的大名下达过"乐市令"，所以信长并不是采取此政策的第一人。

也就是说，"乐市乐座"这一政策是有先行尝试者的。（但六角这人的相关资料不太详尽，仅能确认他下达过"乐市"这一指令而已。信长的所作所为则留下了详细资料，可以确定他在安土以及其他地方都执行过该政策）

虽说信长是一个满脑子鬼点子的人，但这些"点子"并不一定都是"奇特的创新"。

接着我们来看第二点。

"顺我者昌，逆我者亡，残忍而凶狠的独裁者！"

"逆我者亡"是真有其事。

对于自己的敌人，他会毫不犹豫地灭人家全族（包括妇孺），连家臣都不放过。可以说是很残暴了。

织田信长与明智光秀

但是呢，其他的战国大名当中，很多人也都做过类似的事，所以说到"残忍而凶狠"，信长倒也不是独一份儿。

再有，信长这人呢……经常被人背后捅刀子。每到这时候，都会让人怀疑："这人真的又残忍又凶狠吗？"

除了身为大名的浅井与武田之外，信长还数次遭到自己的家臣背叛（最后的集大成者便是明智光秀）。

每次得知自己遭遇了背叛，信长的第一反应总不是高声咒骂，而是大惊失色：

"啥！！"

他总是预想不到他人的背叛，有时候甚至是——

信长：不应该这样的！某某不可能背叛我的！

总之就是信长不相信自己遭遇了背叛（例如被浅井摆了一道的时候）。

从某种意义上来说，算是挺单纯的。

再换个说法，信长就是一个全然预测不到自己将遭遇背叛的迟钝大傻瓜。

被家臣松永久秀和荒木村重背叛的时候，他还拼命试图挽回来着。

信长派使者送了好几次信，信上的内容大致都是：

信长：喂，到底是什么情况？你是有什么不满吗？有什么想法就跟我说呀……你想要什么就告诉我啊！我照做就是了！

这种话一说出口基本就没戏了。

当恋人提出跟你分手的时候，用这种台词来挽回无疑是下下策。

事实上那两位家臣也的确没有回心转意（松永和荒木并不是同一时间背叛的，但信长对两人都说过类似台词）。

这样一来，信长的人设——

"顺我者昌，逆我者亡……但遇事都会尽其所能地尝试挽回，想一出是一出，还给人以一种有商量余地的错觉的大叔"。

改成这样可能会更准确吧……

下一节我们将继续探讨信长的人设变更问题。大家可能会如此这般大吃一惊：

"哦？这也太颠覆了吧？"

敬请期待。

第3节
咦？咦？真的假的？我再问一遍，信长是这样的人吗？!

到第3节啦。

依照惯例还是复习一下，我们之前讲到哪儿了？

要想了解"本能寺之变"，就得先了解信长和光秀。
　　↓
光秀是名超级优秀的武将。
　　↓
那信长又如何呢？
　　↓
和想象中的信长大为不同！

现在还剩下最后一个固有印象——

"将传统以及自古以来的社会体系毁灭殆尽，试图凭借武力一统天下的超级英雄！"

关于这一点，我们直接下结论：

大错特错。

信长不信神佛，甚至想将当时的日本宗教彻底摧毁。然而对于新近传入的基督教，他却采取了保护态度。

此外，织田信长还消灭了妨碍自己一统天下的室町幕府，摧毁了自古以来的社会体系——

上述认知都是大错特错的。

首先，关于信长"不信神佛"这一点……不妨先听我聊聊"式年迁宫"的故事。

所谓"式年迁宫"，指的是在伊势神宫[①]举办的"神明搬家"仪式。伊势神宫每二十年便会重建一次社殿，然后请神明"搬家"到新"住址"（最近一次式年迁宫是2013年举办的，估计有读者在电视上看到过）。

尽管式年迁宫这一传统到现代为止已经持续了超过一千三百年，不过在战国时代的一百二十年间，仪式一直处于废止状态（毕竟当时是乱世）。

而当时，伊势神宫的管理者向信长提了这么个请求：

伊势神宫人士：式年迁宫已经被废止一百多年了！而今我们想重启这一传统！信长大人，请您给予援助吧！

信长：需要多少费用？

伊势神宫人士：一千贯（相当于现在的一亿到一亿五千万日元[②]）就够了！再加上其他人的捐款，勉强能够应付！

信长：不可能。

伊势神宫人士：啊……

信长：前年修建石清水八幡宫的时候，最开始说大概三百贯就够了，结果到最后花了一千贯还不止。这样看来伊势神宫一千贯肯定不够吧？不够的部分让平民捐款未免太难为人家。（对着家臣喊道）喂！给伊势神宫捐"三千贯"！要是还不够就再捐！

伊势神宫人士：信……信……信长大人——

没错，我们的"信长大人"其实——

"原则上对于神社（神道）和寺庙（佛教）都采取了保护措施，还会时不时给人家捐钱呢！"

这才是他对当时日本宗教的态度（而且不去难为民众，算是挺厚道的）。

所以，虽然信长确实保护了基督教（耶稣会[3]），但也谈不上什么特别优待。

不过话又说回来，为什么信长会对延历寺和本愿寺下狠手呢？

答案很简单。

"因为他们是敌人"。

延历寺的罪过，在于将信长的敌人——"浅井、朝仓军"藏匿在比睿山，故而被卷入了战火之中（可能有人会说"对手无寸铁的僧人们下狠手太过分了"，但延历寺可是有号称"僧兵"的武僧团队哟）。

更何况信长当时也没有马上进攻，而是先给了机会让延历寺选边站：

如果愿意和信长结盟，就退还之前所占据的延历寺领地；

要是两边都不打算帮，那至少不要碍事；

如果以上两项都做不到，就休怪我方放火烧山。

（结果延历寺无视了信长的橄榄枝，最后被烧成了焦土）

由此可见，信长完全没有"毁神灭佛"的打算。他的逻辑其实很简单：

"正常情况下采取保护措施，有刺儿头就狠狠教训。"

接下来我要说的内容，足以动摇长久以来信长固有形象的根基：

"以武力统一天下"。

他压根儿就没有这个打算。

看到这里大家可能会觉得过于颠覆，不过上边的结论其实有个重要前提：

"我们以为的'统一天下'和信长心中的'统一天下'其实不大一样。"

具体是什么意思呢？

信长的确提出过这么一个理念：

"天下布武"＝以武力夺取天下。

所以大家才说他的目标是"不断开战，征服全国"，我们也一直是这么认为的，甚至连教科书都是这么写的……

然而这其实是对"天下布武"的误读。

首先明确一点，战国时代的"天下"指的并不是"日本全国"。

战国时代的"天下"，其实指的是：

"以京都为中心的畿内（山城国[4]、大和国[5]、河内国[6]、和泉国[7]、摄津国[8]）"。

当时人们默认"治理天下之人是足利将军"，所以"天下布武"的真正含义应该是：

"让足利将军好好治理畿内"。

也就是说，信长的真正目标是：

"和足利义昭一起恢复京都及周边诸国的和平与秩序！"

这和人们长久以来所理解的"天下布武"可谓是大相径庭。

不过正如前文所说，义昭后来成了信长的敌人。

可能不少读者已经通过电视剧什么的了解过，义昭之所以与信长翻脸，主要是因为后者把前者当成了"提线木偶"（即所谓的"傀儡将军"）。

织田信长与明智光秀

"信长打一开始就没有给予无能的义昭任何权限,单纯只是利用对方的身份而已。待到义昭试图反抗时,信长便将其逐出京都,灭亡了室町幕府。"

不过呢,上边的说法呢,其实也是……错得超级离谱的呢(请用幼年版芦田爱菜[9]的语气来读这句话)。

长期以来,人们以为信长和义昭从一开始就是"利用与被利用"的关系,其实并非如此。

两人的实际关系大致如下——

信长:义昭兄,将军的工作(阻止大名间的纷争、统治京都等)可以交给我吗?

义昭:当然可以!身为将军,我认同信长的所作所为!

于是乎,信长便被授予了"义昭的权力",而义昭获得了"信长的武力",两人形成了一种双赢的关系(一直到某个时间点为止)。

历史教科书上是这样写的:

"1573年,信长将义昭逐出京都,灭亡了室町幕府。"

不过有说法认为,虽然义昭被迫从京都转移到了鞆之浦(今广岛县),但此时的他尚未失去身为将军的权力,幕府也还没有解体(即所谓的"鞆幕府")。

我们来总结一下。

长期以来,信长的形象:

"为了称霸全国而不断扩张领地!与大名们交战,将长久以来的社会体系碾得粉碎!总之就是要战个痛快!"

简直堪称魔王对不对?但其实信长真正的形象是这样的:

"团结在室町幕府的旗帜下,为天下带来和平!为此必须保护神社与寺庙!胆敢不听从命令者、与我为敌者,皆杀无赦!"

以前,美国不是被人揶揄是"世界警察"吗?从某种意义上来说,没准信长的形象和以前的美国有点类似。

而在驱逐了义昭之后——

"从今往后由我来治理天下(畿内)!为了维护和平与秩序,我要和这个大名以及那个大名开战!"

为了天下以及日本全国的安定,信长开始不断扩张领地。

表面上看是这样,至于他内心有没有其他想法就不得而知了。

将目前了解到的相关信息归纳整理,信长的全新形象——

尊重自古以来的传统和社会体系,为了让日本重归和平而不断努力,从而导致树敌甚多,是一个经常遭受背叛的保守派。

这便是织田信长的人物画像。

是不是和以往的固有印象截然不同?

在此鸣谢深入研究信长与光秀生平的各位历史学者,我也是将他们的研究成果归纳总结之后,这才能在这里对着各位侃侃而谈。

对了,其实"本能寺之变"这一历史事件也存在着极多争议……

我们下一节再聊!

译注:

①位于日本三重县伊势市的神社。

②至2022年10月,1日元大约相当于0.049元人民币。

③日本的基督教由耶稣会创始人之一方济各·沙勿略于16世纪中叶传入日本。日本战国时代的大名割据,各自为政,有些大名甚至会选择皈依天主教来彰显自己的独立自主。

④位于今京都府南部。

⑤今奈良县。

⑥今大阪府东部。

⑦今大阪府大和川以南。

⑧大体包括今大阪市大部、堺市北部、北摄地域、神户市须磨区以东区域。

⑨日本童星,出演过好莱坞电影《环太平洋》中的幼年时期女主角、日本大河剧《江·公主们的战国》中的幼年版浅井茶茶等角色。

第4节

如果总以为已经掌握真相，那可就大错特错了

大家对于信长和光秀的真实形象有什么感想？

先简单复习一下。

要想了解"本能寺之变"，得先了解信长和光秀。
↓
光秀是一名超优秀的武将。
↓
信长是一个经常遭受背叛的保守派。

正如前文所说，在"本能寺之变"中，光秀背叛信长的原因众说纷纭。

有说是出于野心，有说是出于个人恩怨，有说幕后黑手是朝廷，有说幕后黑手是足利义昭，有说幕后黑手是羽柴秀吉，有说幕后黑手是德川家康……众说纷纭，不一而足。前前后后差不多有四五十种说法。

但是这些说法大都没有史实依据，所以缺乏足够的说服力，而且和"本书介绍的'真实的信长与光秀'的形象"不符，都只能当成戏说博君一笑而已。

所以本书基本上不会谈及这些流传甚久的假说，就算各位再怎么

好奇我也没办法（例如说认为"方今之时，细雨纷飞五月天"这首连歌其实包藏祸心什么的）。

如果非要介绍一种假说，我会选择近年来被认为"看起来最靠谱"的"四国说"。

那么何谓"四国说"呢？

当时四国的大名叫作长宗我部元亲。信长一度和长宗我部结成了同盟，而促成结盟的，正是光秀与其家臣。

一开始的情况是这样的——

信长：长宗我部兄，四国那边的土地，只要是你打下来的都归你。
长宗我部：谢啦。

不过计划赶不上变化……

没过多久，占据阿波国（今德岛县）北部的家臣三好伏在了织田家脚下。

于是乎，信长改变了主意：

"现在三好家也臣服于我了，真想把四国交给他们管理……让长宗我部在四国为所欲为感觉不太爽。"

基于这一新想法，信长对长宗我部提出了这样的要求：

"长宗我部兄，你的领地只有'土佐（高知县）和阿波（德岛县）的一半'！其他的我不给了！"

听他这么一说，长宗我部自然暴跳如雷。

长宗我部：之前你可不是这么说的！而且这事儿轮不到你来做决定！我的领地又不是你给的，凭什么要听你指手画脚！

信长:反了你了！看来得给你们一点颜色瞧瞧。

情况大概就是这样。

不过这里有个值得注意的地方：

"三好和羽柴秀吉关系良好"。

也就是说……信长原本是将四国交给明智光秀、长宗我部这个组合来治理的，但从某个节骨眼开始，他变得更青睐羽柴秀吉和三好了。换作现在的说法——

"织田股份有限公司中，明智部长和羽柴部长围绕着'四国'这一项目展开了竞标，最后明智部长输了"。

结果就是如此。

对于光秀来说，越来越不受织田家重用无疑是一个巨大危机，同

时也是明智一族所有人的危机。

眼看前途暗淡，为了改变现状，光秀不惜铤而走险，发动了"本能寺之变"。

以上便是"四国说"的大致内容（当然实际情况会更加复杂）。尽管这一假说听起来相当合理，由于光秀的叛变动机缺乏可靠的史料佐证，"四国说"依旧只能算是一种推论。

"那到底哪种说法才是正确的呢？"

提到"本能寺之变"，最后往往都会聚焦到这一问题上。

但如果仅仅盯着这一点不放，堂堂"本能寺之变"就会变得像地摊推理小说一般无趣。

我们还是应该先弄清楚当事人的具体情况，通过取舍以及选择来还原事件的真相……这样才有趣，不是吗？（这纯属我的个人意见）

那我们继续吧。

作为现代人，我们能够从"本能寺之变"中看到些什么呢？

重点不在于从武将的行为和思想中看到什么……而是应该从"了解真实的信长与光秀"这一点出发，得出这样一个结论：

"妄下定论是很危险的"。

当然，本书所介绍的"真实的信长与光秀的形象"，也不过是基于当前的最新研究成果得出的。如果今后有什么新发现，两人的形象估计还会发生变化。

相信即便我这么说，还是会有人觉得"和以前上学时听到的说法不一样""和电视上、网上看到的不一样"。

所以我觉得，保持怀疑的态度是很重要的。

以信长与光秀的人设崩塌作为教训，一旦到了需要"给某人定性"的时候，要先学会"观望"。

现代社会中，我们时常会听到诸如"媒体报道片面""网络信息判断能力"之类的说法。无论是谁，将错误的信息全盘接受，都是相当危险的。

如果只是对信长呀、光秀呀这样的历史人物抱有负面印象，倒也没什么（当然，可能会伤害到古人的尊严）。

但如果对生活于同一时代的人（无论是名人还是身边的人）存在错误认知，不但可能伤及无辜，甚至还可能让恶人得了便宜。

重点之中的重点在于，无论你面对的是人还是事，首先都需要明确一点：**最开始接触的，往往不过是"冰山一角"**。要在此基础上再继续努力，以求把握事物的全貌，同时不要轻易断言已经对真相了如指掌。

要想彻底理解他人行为的真实目的是极其困难的。说得直白一点，试图剖析他人心理的这一行为，本身就有些不知天高地厚。

即便如此，不轻率地针对某人下结论，尽可能地设身处地、站在对方的立场上思考问题。

因此我才产生了这样的想法，对于日本这个社会而言，正是有了**共情**这种非常重要的东西，才产生了**尊重**（说得煞有介事，其实这段话很大程度上是说给我自己听的）。

最后再多说几句。

聊了这么多信长和光秀的事儿，关于信长，我不断强调他这也没干过，那也没干过，似乎有点在否定他了。

如果你这么想，那就大错特错了。

在各种文艺作品中，信长往往会以超级英雄或者反面枭雄的形象登场。但对我来说，那个有些自恋、秉承自己心中的正义、时常遭遇背叛的信长反倒更有魅力。

凭借绝地反击逆转乾坤的英雄固然令人神往，但一步一个脚印扩张自身领土的战国大名才是优秀的武将。

所以我觉得，**信长这人最厉害的地方在于，身处战国时代之中，却总能做出最优选择**（依旧是个人意见）。

先不论他的所作所为是否发自内心，至少从结果上来说，为了顺利推进各项事由，他和朝廷以及幕府都处得不错。

他发掘了火枪的潜力，通过"乐市乐座"实现了产业升级。

只要对自己的前进道路有利，无论是既有事物还是新兴事物，他都会做出"最优选择"。这才是最为真实的织田信长。

思路灵活而不偏颇，为了达成目的不拘一格，可谓是正面意义上的"不择手段"……而这一点，才是"革新性"的妙处所在。

在本能寺受困之时，当得知造反者是明智光秀后，信长留下了一句名言：

"事已至此……"

对于这句名言，世人有各种各样的解读——"是非曲直已无讨论必要""无可奈何""迫不得已""没办法了"。究其缘由，无非是因为大家都不知道信长当时说这句话的动机。

但考虑到信长这人做事总喜欢追求极致，所以那句名言应该也不是单纯的有感而发。我是这么想的，我也希望事实就是如此。

接下来的话都是我个人的猜测。

我比较倾向于"是非曲直已无讨论必要"这种解读。往深一层说，信长想表达的意思应该是："已经没有必要讨论对错。"

我脑中浮现出这样一幅画面：

有人造反？到底是何人作乱？

似乎是明智军！

这样啊。现在不是细聊的时候。

和他们拼了！

居然不能从天空俯瞰地面，这些生物真是不方便哪。
咦——
这位大人好生可怕!!
大人真是宅心仁厚……我得好好守护他才是!!
真的不要紧吗……
真的好帅气呀！我会一生追随您的!!

备中大撤退

第1节
谜团过多的"取天下者"

虽然前文中不曾过多提及，但若是说到日本战国时代的"逆袭之王"，非此人莫属：

丰臣秀吉。

作为民间俗称的"三英杰"之一，农民出身的秀吉通过自身努力不断向上爬，最终得以统一日本的故事可谓妇孺皆知。顺带一提，所谓的"三英杰"指的是织田信长、丰臣秀吉、德川家康这三位。

秀吉本是尾张国（今爱知县西部）的农民，基于"俺也要当个武士"这一信念，他得以侍奉织田信长。

这人可了不得，关于他的奇闻逸事那是相当多。

随便举几个例子：

怀中暖草鞋：将信长的草鞋裹在怀中，用体温将其烘暖。

墨俣一夜城：在极短时间内建起一座城池。具体来说，是事先将城郭的各部分在别处造好，用木筏从上游运到下游，然后在现场进行组装。原理上有点类似现在的"预制建筑"，能够在一夜之间建起一座城。

关于秀吉，各种充斥奇思妙想的逸事可谓不胜枚举。

这些"传说"大都给人一种"又让这小子得逞了"的感觉，和现在流行的爽文颇有几分类似。

不过嘛——

终究就是传说而已……

上边举的两个例子很可能都是后世文人的杜撰，而其他流传甚广的秀吉逸事之中，虚构的内容也为数众多。

加上并非武士出身，与信长、家康不同，秀吉从出生到少年时代的记录是缺失的。

虽然通常说秀吉是"农民出身"，但他到底是干过农活，还是做过行商呢？目前都还没个定论。

当然，秀吉这人肯定是不简单的。

如果将传说的部分视作拌饭料，史实的部分视作米饭，一碗盖浇饭好不好吃，最关键还是取决于米饭香不香。

即便无视传说的"拌饭料"，秀吉的史实"米饭"依旧相当给力，毕竟他是统一了全日本的人（这不是理所当然的吗）。

接下来我们来聊一件"传奇色彩很浓，却是百分百真实"的秀吉逸事。

这一事件，正是秀吉成为"取天下者"的契机：

"备中大撤退"。

用一句话概括该事件——

1582年，羽柴秀吉以极快的速度，率领大军从遥远的冈山奔袭回京都。

这个事件是秀吉人生的重大转折点，还请各位听我细细道来（那时候秀吉还姓"羽柴"）。

上回书说到了"本能寺之变"。

就在这一震惊天下的历史事件发生前不久，一场称为"备中大撤退"的戏码已经悄然上演。

备中大撤退

"本能寺之变"发生的时候,秀吉人在**吉备国**的备中(今冈山县西部)。

他此行的目的,是带兵"**攻打吉备国的终极劲敌——毛利氏**"。

事实上秀吉从几年前开始就一直待在那里。

这时候的织田家,已经进化成了规模极为庞大的组织。

信长任命手下多位重臣担任各地区的司令官,兵分多路,同时攻打其他大名。

北陆方面军,司令官为柴田胜家。
畿内方面军,司令官为明智光秀。
关东方面军,司令官为泷川一益。
四国方面军,司令官为织田信孝(信长的三儿子)。
吉备方面军,司令官为羽柴秀吉。

没错,秀吉担任的是吉备方面军的司令官,受命时间大约是"本能寺之变"的五年前……既然如此,我们有必要稍微做一下回顾,简单看看秀吉此次远征的进程。

受命攻打吉备国之后,秀吉首先关注的,却是与吉备国邻接的**播磨国**(在今兵库县西南)。

地理不好的同学请立刻打开日本地图,在兵库县的左边找到冈山县。

播磨国当时存在多股势力,但没有哪股势力拥有绝对的统治力。

对于秀吉来说,这是一个好机会。

秀吉:将播磨的武将们全部收为盟友！如此一来，与毛利军交战时会大有裨益！

播磨的诸多武将中，最早投靠秀吉的人是：

黑田官兵卫（秀吉的著名军师）。

黑田官兵卫足智多谋。在他的助力之下，秀吉的计划进展得十分顺利。

播磨的各方势力纷纷对织田家称臣，秀吉的征服计划一度看起来顺风顺水，然而——

事态突然有了些许变化。

别所[①]:嗯……感觉还是追随毛利家比较靠谱！

小寺[②]:嗯。那行，我也要跟毛利家混！

秀吉:不是吧？！

一直以来臣服于织田家的播磨武将们居然一个接一个地向毛利家倒戈了！

如此一来，播磨平定计划就打了水漂，原本的盟友变成了现在的敌人。

但秀吉不会就此放弃。

凭借最为擅长的"断粮战术"，秀吉攻陷了一座又一座的敌方城池。

所谓的"断粮战术"，是秀吉等敌城内粮食耗尽，再引诱敌人投降的战术。

这样做的好处，是能以兵不血刃的方式，最大程度地保存战斗力，可谓是一石二鸟。

但这样做有一个问题：

实在太花时间了（也很烧钱）。

为了攻陷一座城池耗上几个月是家常便饭，三木城这样的硬骨头更是足足啃了一年又十个月。总之就是一个字：耗。

对于被围困的一方来说，这一战术相当致命。

接下来我们先按下主线不表，给大家说道说道"断粮战术"的可怕之处。

"断粮战术"的重点在于切断敌方的粮草供给。如此一来，被困于城池内的武将和农民就将面对恐怖的饥馑阴影。

一旦城内居民的粮草耗尽，他们将被迫以饲养的牛马为食，牛马吃完了就只能吃草和啃树皮。

当身体陷入极度饥饿状态后，会不断有人精神崩溃。

如果想翻越栅栏出逃，等待他们的则是秀吉军的火枪。没人能逃离这人间地狱。

很快，牛马、草木，一切能吃的东西都会消耗殆尽，城中不断有人饿死。凄惨的环境之下，残存者们为了求生，便只能以同伴果腹。

也就是人食人的惨剧。

"断粮战术"通常都会以城主切腹自杀收场。逃出生天的受困的城民们，往往还能从进攻者那里获得一些食物。但不少人在极度饥饿的情况下吃得太急，最后反倒因此丢了性命。

秀吉在攻打三木城和鸟取城时都采取了"断粮战术"，史称"饿杀三木，渴杀鸟取"。两场战争的结局都相当惨烈，这里重点讲讲"渴杀鸟取"的故事。

虽说"断粮战术"的重点不在于和敌方兵戈相见，但战争终归是战争，比双方直接交锋更为血腥的惨剧还是发生了。

提到日本战国时代，大家往往会更为关注各路英雄的传奇故事，但这些武将同样也做过很多惨无人道的残酷行为。

我想，不能忘记：那个时代的普通人也是活生生的人，然而有很多人只能被动地走向生命的终点。

好了，让我们回到秀吉攻打吉备国的话题……不过考虑到篇幅，还是留到下一节继续吧。

下一节要讲的是秀吉一生最为精彩的"一鼓作气"，以及其一辈子最大的"事故""绝望"与"抉择"。

译注：
①别所长治，时任播磨国豪族别所氏家督。
②小寺政职，时任播磨国豪族小寺氏家督。

第2节
这大概就是所谓的"晴天霹雳"吧

本节是"备中大撤退"的第二部分。

首先自然是复习。

为了攻打吉备国,秀吉他——

↓

试图让播磨国的武将们臣服。然而——

↓

这些武将接二连三地背叛了。于是乎——

↓

秀吉采取了"断粮战术",征战不休……

受篇幅所限,这里无法一一细说,总之秀吉前前后后进行了很久的拉锯战。

我们省略那些没那么重要的部分,直奔重点吧!长期苦战之后,秀吉终于将战线推到了织田势力与毛利势力的边界线附近,开始攻打当地的**备中高松城**。

对毛利家来说,备中高松城至关重要(该城位于今冈山县冈山市)。

战火一旦烧到备中高松城下,就意味着"与毛利军的交战迎来了高潮",但是——

秀吉的这次吉备远征,就是这么状况频出。

备中高松城真的是一块极为难啃的硬骨头……

秀吉：这备中高松城属实难啃……城池位于洼地之中，四周全是湿地与沼泽，黏糊糊、湿淋淋的。这种环境下人马都寸步难行，根本就是敌方火枪和弓箭的活靶子。

黑田官兵卫：而且城主清水宗治也是个狠角色……当真是把所有难点汇集一处了呢。

面对固若金汤的备中高松城，秀吉和官兵卫都很头大。

但很快，这个"绝世点子王+天才军师"组合想出了一个令人难以置信的攻城计划。

秀吉：嗯，该如何是好呢……

官兵卫：且慢……原来如此……原来是这么一回事……我明白了……请稍等片刻！

秀吉：吵死了，你一直在那边絮絮叨叨个什么劲！我又没打算离开！

官兵卫：您想想这附近的地形特征！备中高松城位于洼地之中，附近有足守川流过。地势低且湿地众多，想必这一带排水效率极为低下，而如今又是梅雨季节！

秀吉：……啊！！你在想这一出啊？只要将敌方易守难攻的优势转化为劣势……且、且慢！！

官兵卫：我也没打算离开哟。

秀吉：但凡易守难攻的城池，必然会有相应的弱点……

官兵卫：既然强攻不易，不妨采取围困战术……

秀吉、官兵卫：没错……用水攻！！！

备中大撤退

以上对话都是我瞎掰的。秀吉和官兵卫想到的点子——

堵塞流经备中高松城附近的足守川,将河水导向位于低洼处的城池。

↓

在城池外围修筑堤防,使积水无法排出。

↓

时值梅雨季节,城外的积水水位会持续升高。

↓

最后备中高松城将变成一座水中孤岛!

这的确是一个异想天开的点子。

秀吉:吾意已决……给我多找些人手来,速速修筑堤防!钱不是问题,只要能加快施工进度,付多少钱都行!不过拿人钱财,与人消灾,堤坝给我瞬间修建起来!

在秀吉的号令之下,超高速施工开始了。

这的确是一个绝妙的主意。在丰厚报酬的诱惑之下,大批人员没日没夜地施工,**短短十二天之内**,便将堤坝建成了。

这堤坝有多大呢?

据说"高七米,全长三千米"。

但这也是"秀吉传说"之一。

即便是拥有卡车等工具的现代,想在十二天之内修好规模如此之大的堤坝依旧是不可能的。**堤坝的实际长度应该只有三百米左右(高度应该也到不了七米)。**

不过三百米其实也够了。

备中高松城建于洼地之中，本身就很容易积水。

但在距离城池约一千米的地方，有个名为"水越"的排水口，附近的水能够通过这一缝隙排出。

换句话说，只要将水越堵上，积水就无法排出，很快便会殃及城内……想要达成这一目的，三百米长的堤坝足够了。

果不其然，水越被堵上后，高松城内很快便淹了水，人们无法步行，只能靠撑船前往各处。

"水攻备中高松城"大获成功。借助洪水之力，秀吉军将敌人包了饺子。

如此一来，毛利家的各位当然大为紧张。

备中大撤退

毛利家:备中高松城危在旦夕！！！

他们慌忙采取紧急对策，毛利家的家督**毛利辉元**与他的两位叔叔**吉川元春**、**小早川隆井**（这三位分别是毛利家的一号、二号、三号人物）一道，带兵赶往备中高松城。

然而看到已经化作孤岛的备中高松城后，三人傻了眼。

毛利家:我的天啊……

已然回天乏术。

就在毛利军不知所措的时候，秀吉有所行动了。

秀吉:信长大人！我军在进攻毛利家臣把守的备中高松城时，遭遇了毛利军的主力部队……

既然你们出动主力部队了，我们这边也喊老大来帮忙——基于这种考虑，秀吉给信长送去了书信。而这封书信，正是"本能寺之变"第1节中提到的那封。

顺带一提，关于秀吉联系信长的动机，大体上有以下几种说法：

第一种很简单，就是为了对抗毛利军的大部队。

第二种说水攻的真正目的，其实是为了引出毛利军的主力部队。为了和毛利家决一死战，秀吉打一开始就打算喊信长来帮忙。

第三种说其实单靠秀吉自己也能打败毛利军，但他打算将"给予毛利氏致命一击"这一殊荣作为礼物献给信长，讨后者的欢心。

接下来的故事大家想必都已经知道了。

收到秀吉的联络之后，信长本打算前往备中亲征，却在逗留京都的时候遇上了大麻烦。

"本能寺之变"爆发了。

"突发事件之神"邪魅一笑，仿佛在说："没想到吧，凡人？"

本能寺之变的次日（六月三日），秀吉也被这个事件所引发的冲击殃及（也有说他是六月四日早上得知这一消息的）。

秀吉一边阅读来信，一边呢喃：

秀吉：啊……咦……什么？

他被书信的内容吓了一跳。

秀吉：嗯……

"本能寺之变"为全国各路武将献上了前所未有的惊吓大礼包，秀吉的震惊情绪几乎要掀翻天花板。

秀吉：不，不……不可能!!

与毛利军决战的最高潮已经近在眼前，信长却先行一步，迎来了自己人生的最后阶段——死亡，也难怪秀吉会如此震惊。

那种感觉就好像心率飙升到一小节十六拍的节奏，体内的血液和水分都蒸发干净了一样。

完了……一切都完了……接下来该怎么办?!

就在秀吉思维陷入停滞的时候，黑田官兵卫发话了：

官兵卫：此乃千载难逢之机。

秀吉：……你说什么？

官兵卫：我说对于主公来说，这是个好机会。

秀吉：官兵卫……你知不知道自己在说什么！！

官兵卫：现如今应当立刻发兵，征讨明智！！

秀吉：嗯！

官兵卫：我军此刻应当火速前往京都，诛杀明智光秀，为信长大人报仇雪恨！

秀吉：你、你让我来……

官兵卫：没错！秀吉大人……您将成为下一位取天下者！！

秀吉：……我、我能行吗？！

两人的这段对话流传甚广，但到底是不是史实，现在也没个定论。但有一点是确凿无误的：

下定决心之后，
秀吉的行动速度异常之快。

第3节
音速、光速、迅速、爆速

到第3节喽。

还是先复习一下。

秀吉攻打毛利氏（吉备国）。
↓
水攻备中高松城。
↓
就在这时，发生了"本能寺之变"，秀吉大为震惊。
↓
但很快，他便下定决心，打算"征讨光秀"。

紧接着秀吉便展开了世纪大移动——"备中大撤退"。但在此之前，他还必须——和毛利家进行一番交涉。

明明战局极为有利，却突然鸣金收兵，准备撤退——是个人都看得出"肯定是遇上了什么麻烦"。如果贸然行动，很可能会诱使敌方追击，那可就大大不妙了。

所以秀吉派人给备中高松城的清水宗治带了个信儿：

"只要你肯切腹，我就放过城内的其他人。"

和对方"达成协议"后，秀吉方面又和毛利家取得了联系：

备中大撤退

官兵卫:你我双方暂且休战吧。

如此这般,表示希望和毛利家和好(议和)。

安国寺惠琼(毛利方的交涉人、僧侣):明白了,那我们就议和吧。
官兵卫:接下来聊聊议和的条件——
一是毛利方割让备中[①]、备后[②]、美作[③]、伯耆[④]、出云[⑤]五国;
二是毛利方割让备中高松城;
三是毛利方须提供人质。
一共就这么几条!

惠琼:哇哦!!

惠琼的语气仿佛在说:"你懂不懂啥叫议和呀?"

又要领地,又要城池,又要人质,这条件对于毛利家来说未免也太不利。

不过话又说回来,目前战局占优的是秀吉这边。由于长期与织田军交战,毛利家体力槽基本已经空了。

所以难得对方抛来议和的橄榄枝,哪怕条件再苛刻,毛利军也只能全盘接受(也有说法认为清水自杀以及秀吉与毛利的议和都发生在"本能寺之变"之前)。

消除后顾之忧后,秀吉马不停蹄地展开了行动。

秀吉:众将士听令——

他向全军发布号令。

秀吉:立刻前往上方（现日本关西地区），诛讨反贼明智光秀！

数万人的大军浩浩荡荡开向近畿，著名的"备中大撤退"拉开了序幕。

转瞬之间做出诛讨明智光秀的决断后，秀吉雷厉风行地和敌人（毛利军）达成和解，而接下来秀吉军的行军速度更是快得让人难以置信。

短短三日之内——

秀吉:先回姬路城!! 都跑起来——

备中高松城—沼城（今冈山县东区）—姬路城。
大军行进了足足一百千米（姬路城是官兵卫献给秀吉的城池）。

武将可以骑马，士兵只能步行，有些部队还得搬运物资。由于彼此速度不同，抵达城池的时间也各不一致。
但无论是谁，每日的平均行进距离都超过了三十千米。
马匹全都筋疲力尽，只能步行的士兵们更是几近瘫痪。
然而——

秀吉:好！准备完毕!!
士兵:难道是要……
秀吉:准备……出发!!
士兵:不、不是吧!!

在姬路城草草休整了两天后，秀吉军再度踏上了征程。
这次他们先从姬路行进到了明石⑥，没过多久——

153

备中大撤退

秀吉:将士们!!

士兵:饶了我们吧,别再出发了……最好连个"出"字都别说……

秀吉:听着……

士兵:嗯……

秀吉:都给我跑起来!!

士兵:不都一个意思吗!!

离开明石后,秀吉军取道兵库(今神户市),行进了四五十千米后抵达尼崎[⑦]。

全军疾速前进!

短暂休整之后——

又一次疾速前进!

他们再度踏上了征途。

真是让人惊掉下巴的光速移动。

但秀吉的恐怖之处还不仅仅在于其移动速度之快。

而是在急行军的途中——

秀吉：喂，将此封书信送至中川清秀手上！

中川清秀是身处近畿地区的信长家臣。

使者：报！中川大人回信了！

秀吉：甚好！

秀吉不断地将这些武将拉拢为盟友。

畿内（京都周边的律令国）是光秀的势力范围。

所以如果当地的武将都听命于光秀，情况会相当棘手。

不过当前时刻，这些武将大都还处于"信长大人遇袭了？！什么情况"的状态，尚不清楚实际情况到底如何。

为了让畿内这些武将倒向自己而非光秀，秀吉飞速与他们取得了联络。

只不过，书信的内容是这样写的：

秀吉：之前从京都回来的下人言之确凿！信长大人和信忠大人（即信长长子）都安然无恙！！他们虎口脱险后，暂且逃到膳所（今滋贺县大津市）去了！说是福富（一名武将）拼死护驾方才脱险的！总之信长大人没事就好！

整封信没一句真话。

此时信长和信忠均已亡故,名为福富的武将也已不在人世。
不仅如此,信中还说:

秀吉:北陆(地区)的柴田胜家也正朝着京都进军!

这也是假话。
这句话的潜台词,无非就是"就连'笔头家老(头号家臣)'柴田也打算攻讨光秀,我方绝对胜券在握"。然而这也是秀吉的谎言。
秀吉巧舌如簧地不断散播谣言,从头到尾就没一句真话。
但收到书信的武将们对此并不知情。

武将:信长大人和信忠大人都安然无恙的话,光秀不过就是一个乱臣贼子……既然秀吉打算征讨光秀,断然不可与他为敌!

行军,写信,拓展盟友。行军,写信,拓展盟友。伴随着秀吉军前进的脚步,其军队规模如同滚雪球一般越来越大。
最后连信长的三儿子织田信孝都倒向了秀吉。

秀吉:现在连信孝大人都与我结盟了!如此一来我军就师出有名了!我和光秀开战可不是为了邀功哟!是得到信长家三少爷首肯的!

待到秀吉能够光明正大地说出这种台词的时候,他的军队人数已经扩张到了四万(具体数字有争议)。
而另一方面——

光秀:什么？秀吉军已经近在眼前了?!来得未免太快了吧?!

光秀被秀吉的神速吓了一大跳，心脏都差点从嗓子眼里蹦出来。

本以为会支持自己的武将悉数倒戈，在准备不充分的情况之下，光秀不得不硬着头皮与敌方大军交战（光秀军的人数同样有争议，一般认为是一万六千人）。

在交锋之前，双方其实已经分出了胜负。

这便是著名的"山崎之战"（战场在今京都府大山崎町，过去也称作"天王山之战"）。

果不其然（这么说感觉有点对不起光秀），**秀吉军大获全胜**。

秀吉军大约是六月五日或六日从备中高松城出发的。

而"山崎之战"发生在六月十三日。

在既没有汽车也没有火车的时代，秀吉率领大军十天之内长途奔袭约二百三十千米，以势如破竹之势击败明智光秀，迅速在织田众家臣之中确立了不可动摇的优势地位。

这便是被称为"备中大撤退"的super return（超级回返）。

有关秀吉的各种奇闻逸事很多，孰真孰假已多不可考，但至少**"备中大撤退"**这一"奇迹"是确凿无误的史实。这一事件充分证明了秀吉的个人实力。

不过虽然是史实，但你硬要说它是"奇迹"的话，又未免有些……

译注：
① 今冈山县一部分。
② 今广岛县东部。
③ 今冈山县东北部。

备中大撤退

④今鸟取县中西部。

⑤今岛根县东部。

⑥兵库县南部城市。

⑦位于今兵库县东南部。

第4节
操控传说的"取天下者"

本节是"备中大撤退"的最后一部分。

还是先来复习。

秀吉与毛利交战的时候,发生了"本能寺之变"。

↓

为了征讨光秀,秀吉以惊人的速度展开了"备中大撤退"。

↓

于"山崎之战"中打败光秀。

正如前文所说,"备中大撤退"历来被称作"奇迹""神迹",人们提及这一事件时向来不吝惜溢美之词。

而这一事件也充分展示了秀吉的个人魅力——"化不可能为可能的奇男子"。

但针对这一事件我们还是得多说几句……

"备中大撤退"真的是"不可能完成的任务"吗?

答案或许是否定的。

正如第3节中所说,"备中大撤退"中单日最远移动距离大约是三十千米(三十五到三十七千米大概就是极限了)。

现代人的正常步行速度为一个小时四千米,走快一点的话大概能到五六千米的样子(平均水准)。

备中大撤退

那么三十到三十五千米的距离,正常步行(时速四千米)需要八到九小时;走快一点儿的话(时速五千米),需要六到七个小时。

以上是理论数据(算上休息时间还得更久一些)。

这样看来,所谓的"急行军",大概就是徒步七到八个小时的样子。

当然,长时间徒步是非常辛苦的,加上又是连续多日行军,困难程度可想而知……但也并非"不可能完成的任务"。

这只是从理论上做出的推论哟(抱歉,我说得可能太轻松了)。

那么,为什么"备中大撤退"会被称作"奇迹""神迹",且被人传颂呢?

答案在于当初"备中大撤退"被贴上了这样一个"神迹标签":

"'一天之内'从备中高松城跑到了姬路城,距离足足有一百千米!"

(真的是超夸张的)

几万人的军队一天之内行军超过一百千米……

之后又马不停蹄地继续进行长距离移动,途中击溃碍事的敌人,最后还和明智军决一死战……除非秀吉的军团是复仇者联盟,否则根本不可能。

之所以这一传说流传如此之广,主要是源自一封书信,信中说:

"秀吉等人一天大约行进了一百千米!"

那么这封书信是谁写的呢?答案是:

"**秀吉本人**"。

接下来我们来看看这个"戏精"是怎么表演的。

上边提到的那封书信,是"山崎之战"大概四个月后,秀吉写给织田信孝(信长三儿子)的(形式上是先送给家臣,再由家臣呈给信孝)。

当时秀吉和信孝的关系极为紧张,彼此都仿佛将"信长大人(父亲大人）过世之后，织田家应该我说了算"这句话挂在脸上。火药味一触即发，信孝看秀吉相当不爽。

在这种情况下，秀吉的书信是这样写的：

秀吉:（前边还七七八八写了一些其他内容）然后呢，六月七日那天我们一昼夜前进了二十七里地（大约是一百零六千米），进入了姬路城！本打算稍做歇息，八日那天突然传来消息,说身在大坂（即大阪）的信孝大人被明智军包围！信孝大人要是也被迫切腹的话，那可就全完了，所以我们才星夜兼程继续行军……

书信的内容大体如此。

简而言之，秀吉想表达的就是：

"为了织田家和信孝大人，我可是拼了老命啊！但是，您为什么要讨厌我呢?！"

基本上整封书信都是秀吉在吹嘘自己过往的功劳。

之所以会提到"一天内行进了一百千米"，无非也是想告诉信孝"我这么惨兮兮的都是为了你"，因此采取夸张说辞的可能性非常之大。

就算这话是他本人所说……不，应该说在这种情况下，正因为是他本人所说的话，所以才不可信。大家明白我的意思吗?

这还不止（抱歉，我有点得意忘形了），秀吉的说法还存在最后一个疑点：

"如果没办法一天之内奔袭一百千米,秀吉是怎样在'本能寺之变'发生的次日或者两天后，获悉信长的死讯的呢？要知道京都和冈山隔了两百千米以上，这消息未免也传得太快了吧？"

没错，秀吉的确在信长过世的一天或两天后就得到了消息。

但具体是怎么获悉的，就不得而知了……

啊。

难不成秀吉早就知道信长会命丧本能寺？

也就是说，本能寺……

"本能寺之变"的幕后黑手其实……

不可能，不可能。

当时秀吉正忙着啃毛利氏这块硬骨头呢。

所以有人认为，"信长和秀吉之间可能存在着类似'热线'的秘密通信手段，以备不时之需"。

安土城和姬路城之间，又或者是京都和冈山之间，可能有点对点的使者在随时待命，以接力的方式传递书信，所以消息能够高速送达。

只要备上足够的人员和马匹，同时保证移动速度的话，区区两百千米的距离，在一到两天内把书信送到也并非难事。

顺带一提，有个著名的说法是"秀吉是在极为偶然的情况下得知'本能寺之变'的"。

有一可疑人士误闯入秀吉阵中，盘问之后，从此人身上搜得密信（机密书信）一封。密信是明智光秀写给毛利家的，讲述了信长命丧本能寺的经过。读罢密信，秀吉大为震惊。

不过这种说法很可能是后世的杜撰，因为未免太过巧合了。

前前后后说了这么多，从"备中大撤退"和秀吉身上，我们到底能看到些什么呢？

"短时间内奔跑两百三十千米的速度"？

确实很了不得，算是一个备选答案吧。

"下判断和采取措施的速度"。

这方面秀吉的确异于常人。

但要说还有哪一点特别了不得的话，那就是：

"秀吉很会演戏，而且擅长往自己脸上贴金"。

（按照前文惯例，这依旧是我的个人意见）

除了擅长给自己贴"传说标签"外，秀吉还很懂得如何拔高自己，从零开始"打造传说"。

当然喽，他这些谎言也不是任何时候都管用。

举个例子，秀吉就任"关白"（辅佐天皇的贵族首脑）的时候，曾经放出风来说：

"家母当年于宫（皇宫）中任职时怀孕，后来回到尾张便生下了我。"

说白了就是在明示自己"拥有天皇血统"。不过此话一出，国内一片哗然，很多人都说他是骗子。秀吉说这话的目的，无非是想表明自己这个关白当得名正言顺，但问题在于他母亲压根儿就没在宫里待过。

秀吉这种"通过谎言使事态朝对自己有利的局面发展"，使得身处现代的我们对他的种种传说深信不疑的伎俩，最让我们毛骨悚然。

即便一统天下之后，秀吉依旧会很和气地与地位卑微的人聊天，让身边的人大为感动。他的种种行为，都是以"对方会怎么想"为出发点的。

人们常常说秀吉这人很"讨喜"（指的是大家都喜欢他），不过"讨喜"这个词，本来就包含有"骗人"的意思。

乍一看"骗人"和"讨喜"的含义似乎是截然相反，但二者都蕴含着"揣度对方内心想法"的意思，用在秀吉身上真是再合适不过了。

对方处于怎样的情况、想起了什么、在思考什么、想要什么——无论古今，揣摩这些都是相当重要的。

如果忽视了这一点，任何交流和想法都无异于空中楼阁。但如果能充分站在对方的立场上考虑问题，便可以找到最佳答案。这一点或许古往今来都是一样的。

不过我并不建议各位模仿秀吉，因为撒谎是很容易遭人厌弃的（当

备中大撤退

然这也是我的个人看法)。

接下来打算拣重点聊聊秀吉的后续情况。因为过于精简,所以要聊的内容不多。

其他的大家就自己查资料吧。

回见!

那之后的秀吉　第1节

至此，明智光秀已死。

流程大致如下：

"本能寺之变"，光秀灭了信长。
　　　↓
"备中大撤退"，秀吉赶了回来。
　　　↓
"山崎之战"，两军交战。
　　　↓
秀吉灭了光秀。

接下来我会一口气为各位介绍秀吉的后续情况，内容比较简略，一些事件的具体情况就留到今后再说吧。

那就开始喽。

在秀吉击败光秀两周后——

织田家的重臣们齐聚清州城（在今爱知县），召开了"**清须会议**"。

会议讨论的内容主要有以下几点：

◆由信忠之子三法师（时年三岁）——即信长嫡孙继承织田家的家督之位。

◆领地由秀吉、柴田胜家、丹羽长秀、池田恒兴、信长次子织田信雄、信长三子织田信孝瓜分。

"由于三法师年齿尚幼，就由他的叔叔信雄和信孝来辅政，其他各

专栏 这里想稍微多说几句

位重臣也一起帮衬,以协商的形式继续经营织田家吧!"

不过协议终归只是协议,这群人很快便起了纷争。

讨伐光秀之后,秀吉势力如日中天,如此一来柴田胜家就有点坐不住了。双方摩擦不断,很快便爆发了一场大战——

"贱岳之战"。

此战以秀吉取胜告终。

同年,秀吉开始斥巨资修建城楼——

大坂城。

自此,秀吉逐渐以"信长的继任者(即下一任'取天下者')"的身份崭露头角。

而这一行为招致了信长次子——信雄的不满。

信雄:秀吉这厮,不过是织田家的家臣,居然胆敢以"取天下者"自居……真是岂有此理!!

信雄与德川家康联手,与秀吉开战,即是传说中的——

"小牧·长久手之战"。

此战依旧以秀吉军胜利收场。在这之后秀吉的势头越发不可阻挡,在攻打纪伊国(今和歌山县附近),击败占据四国的长宗我部元亲的同时,他还成为了公家[①]的首脑——

关白。

这之后秀吉进一步将"越中"国(今富山县)也收入囊中,并要求朝廷赐予自己"丰臣"这一姓氏。此外,秀吉还和一直与自己关系不睦的家康达成了和解:

秀吉:家康兄,当我的家臣吧!我会把妹妹嫁给你,同时让家母到你那边当人质!

家康:你这手段未免也太有个性了! 行呀,我愿意当你的家臣!

在通过积极手段将家康也收为家臣之后,秀吉又降服了九州的岛津义久和关东的北条氏政、氏直父子,并将东北地方的武将也一一拿下,最后——

秀吉:"甚好!! 一统天下了!! "

他终于成功地统一了全国。
这样看来,秀吉似乎一直都在打仗。
其实内政方面,他也做了不少为历史所铭记的大事。例如——
"太阁检地""刀狩令"。
这一类的政策,都大大改写了日本一直以来的社会体系。
不过即便统一了日本,秀吉仍未满足。

秀吉:接下来该攻打大明了!

他居然动起了出海攻打他国的念头,当真是把战争当成自己的终身事业。不过呢——

秀吉:朝鲜! 我这次打算攻打大明,麻烦你们带路了!
朝鲜方面:嗯,我可不要。
秀吉:那我就先从朝鲜下手吧!!

由于朝鲜拒绝合作,秀吉当即改换目标,决定——

专栏　这里想稍微多说几句

"出兵朝鲜"。

这场战争便是"文禄·庆长之役[2]",先后在文禄(年号)年间和庆长(年号)年间两次向李氏朝鲜[3]发起进攻,但就在第二次进攻的过程中,秀吉突然一命呜呼了。

以上简略介绍了秀吉的后续情况。

接下来打算多聊几句与秀吉有关的几起历史事件,分别为"贱岳之战""小牧·长久手之战""太阁检地"和"刀狩令"。

译注:

①服务于天皇与朝廷的、住在京畿的官阶为五位以上的官僚的统称。

②即"万历朝鲜战争"。

③简称李朝,是朝鲜半岛历史上最后一个统一封建王朝,建立于1392年,1910年灭亡。

贱岳之战 那之后的秀吉 第2节

羽柴秀吉和柴田胜家在近江国（今滋贺县）的贱岳一带进行了激烈交战，史称"贱岳之战"。两人都是织田家的重臣，此刻为了瓜分织田家撕破了脸皮。

在"清须会议"上，确定了信长的继承人为其嫡孙三法师，各家臣的领地也已分配完毕。

为了填补信长不在之后留下的空缺，按理说织田家的家臣们应该齐心协力才对，然而——

秀吉却将信长的葬礼变成了个人秀，就差把"爷才是织田家的继承人"这十个字写脸上了。

信长的三儿子信孝，则将三法师软禁在了自己的主城岐阜城，一副"我是三法师的代言人，也是织田家的老大"的模样。

胜家是支持信孝的，所以对秀吉的做派自然是各种不爽。

此外还有信长的次子信雄。他是秀吉为了与胜家和信孝对抗，被推到了织田家家督的位置上。

所有人都各怀鬼胎，感觉空气中仿佛都冒着火花。

没过多久，"秀吉·信雄集团"与"胜家·信孝集团"的矛盾越发尖锐……终于爆发了战争。

胜家当时身在北庄城（在今福井县）。趁着对方因大雪无法行动之际，秀吉出兵攻打胜家的养子柴田胜丰，逼降了身处岐阜城的信孝。

胜家大呼不妙，等不及雪化便匆忙出阵。

然而秀吉早已在木之本（今长滨市）列阵候着了。双方对峙了将近一个月，谁都没有贸然出手。

就在这时,业已归降秀吉的信孝突然再度起兵反叛,就在秀吉无可奈何地前往美浓国的大垣平叛的时候,柴田军趁机大举袭来,留守的秀吉家臣们危在旦夕。

然而!

秀吉闻讯立即从大垣撤回到了木之本,足足五十千米的行军距离,他的军队仅仅花了五个小时左右,再现了"备中大撤退"时的奇迹(史称"美浓大撤退")。

柴田军一面惊讶于秀吉军的行军速度之快,一面只得硬着头皮迎战。

而就在这时,柴田方的前田利家(与秀吉关系良好)突然脱离战线,柴田军顿时崩盘。

撤退到北庄城后,胜家携妻子阿市夫人(信长之妹,原本是浅井长政的妻子)一同自杀。

此战获胜之后,秀吉成了织田诸家臣中当之无愧的头号人物。

顺带一提,当时阿市的长女茶茶得以幸免,之后成了丰臣秀吉的侧室,也就是著名的"淀殿"(阿市的次女阿初后来成了京极高次的正室,三女阿江则成了德川秀忠的正室)。

此外,在此战中立下大功的"贱岳七支枪(加藤清正、福岛正则、加藤嘉明等人)"以及石田三成、大谷吉继等几名二十岁左右的年轻武将,之后都成了丰臣家的中坚力量。

"贱岳之战"改变了——

与织田家有关的诸多人员今后的人生都将大为不同。

小牧·长久手之战　那之后的秀吉　第3节

以尾张为中心，羽柴秀吉与德川家康·织田信雄联军在美浓和伊势（今三重县一带）展开了大决战。

这一次秀吉与家康进行了正面交锋，而这唯一的战斗便是"小牧·长久手之战"。

此时秀吉已经剿灭了明智光秀和柴田胜家，并建立起了大坂城这一超绝豪华的城池。而对此——

织田信雄：咽不下这口气……

一直到打败胜家为止，信雄（信长次子）都还和秀吉是合作关系，但很快两人便分道扬镳了。

见信雄渐渐与秀吉交恶，他的三名家臣纷纷出言劝阻，请求信雄不要与秀吉发生冲突。

随后信雄便处死了这三名家臣。

秀吉：为何要处死他们仨？
信雄：明知故问！

秀吉和信雄的矛盾彻底激化。于是乎，信雄向某人发出了邀请。

信雄：我想揍扁秀吉那家伙，你愿意与我一起作战吗？
家康：就等你这句话了！

> 专栏 **这里想稍微多说几句**

这个人，便是其父信长曾经的好哥们儿——德川家康。

此时的家康已经获得了武田家的全部领地，乃是坐拥五国（三河、远江、骏河、甲斐、信浓）的超级大名。

这样的一头怪兽，即将和同为怪兽的第二代"取天下者"——秀吉正面交锋。

小牧·长久手之战。

大决战一触即发。

羽柴军有十万人之多，而德川和织田联军的人数则是一万六千到三万。

虽说两边的参战人数历来争议颇多，但可以肯定的是，秀吉方面是人数绝对占优的。

尽管如此，在交战的过程中，家康这边倒还是屡屡占得便宜，充分显示了德川军的战斗力之强。

但到了最后——

家康：啥？！你、你和秀吉讲和了？！

信雄：嗯，没错。对方的攻势太猛，我这边有点撑不住了……感觉再不议和的话就完蛋了……所以我一不小心就这样了……

家康：什么叫作"一不小心"？！你搞清楚状况没有啊，我之所以打这场仗，是为了"救织田家于水火"这一大义名分！现如今你和秀吉一旦达成和解，我这边不就成了不义之师了吗！！

信雄：嗯，这个嘛，怎么说呢……啊哈哈。

家康：我要宰了你这个小兔崽子！！

秀吉成功从内部瓦解了敌人的同盟（对话内容当然是虚构的）。

"虽然战术上家康赢了，战略上却是秀吉赢了"。

后人如此评价这场战争。但是呢——

作为议和条件，信雄不但割让了领地，还送出人质到秀吉那边。家康这边也未能幸免，只能将次子于义伊（即后来的结城秀康）送到秀吉处。

这样看来，让曾经的上司——织田家臣服于自己脚下的秀吉才是……最后的赢家吧？

以上便是"小牧·长久手之战"的全部内容。

专栏 这里想稍微多说几句

太阁检地 那之后的秀吉 第4节

统一全国之后没多久,秀吉将"关白"的位置让给了自己的外甥(同时也是养子)丰城秀次。

随后他便成了——

太阁。

(将"关白"之位让给他人的人,被称作"太阁")

既然这里提到"太阁",那就不得不聊"太阁检地"这一话题。

所谓"太阁检地",指的就是"太阁(即秀吉)所推动的检地运动"。

完全就是字面意思。

啊,我仿佛已经听到有人在问了:

"什么是'检地'?"

好吧,那就先从"检地"说起吧。

所谓的"检地",就是"调查田地的面积以及农作物的产量"。

身为大名,当然希望了解自家领土的详细数据。因为这些数据关乎年贡(也就是税收),相当有用。

但是呢,大名直接调查家臣的领地不太合适。

就好比,公司老板把下属的家翻个遍,下属难免会生气。

所以以往的检地,大都采用类似家臣自行申报的模式:"把土地数据交上来吧。""好嘞。"

这种自行申报制的检地,被称为"提交检地"。

然而秀吉的做法不一样。

秀吉： 如果采用之前的方式，肯定会有人谎报收获的粮食数量！而且各国的检地方式各不相同，根本统计不出真实数据！都给我听好了，枡[①]的大小和测量田地的单位必须统一，而且必须亲自到土地上进行实际调查！给我把全国的精确数据都挖出来！

他向家臣官员（奉行）们下达指令，在全国范围内同时开展调查。

"称米的枡统一成'京枡'！"

"田地的面积单位是'町''反''亩''步'！"

"六尺三寸（约一百九十一厘米）为'一间'，长一间宽一间则为一步！三十步为一亩，十亩为一反，十反为一町。换算公式：一町＝十反＝一百亩＝三千步！"

"田地分为'上''中''下''下下'四个等级！"

秀吉设定了极为详尽的基础规则。

重点在于……

"上等田地一反的价值为'一石五斗'，中等田地为'一石三斗'，下等田地为'一石一斗'……"

将田地分为三六九等后，用"米量"来衡量其价值（"石"和"斗"均为量米的体积单位，一石＝十斗＝一百升＝一千合）。

当然，即便是同一块田地，不同年份收成也会有差别。

但有个标准量的话，会更容易理解，所以"上＝一石五斗""中＝一石三斗"这样的换算标准就这么固定下来了。

如果拿麦当劳的薯条来举例，那就是尺寸不同的小份和中份，虽然价格是固定的，但你每次买到的薯条根数会有差异（大概是这么个意思）。

此外还有一个重点……

175

专栏　这里想稍微多说几句

"上等旱田和住宅用地一反的价值是'一石二斗'!"

就连旱田和住宅用地,也都以"换算成米值多少钱"的逻辑,以"米"为单位进行了价值评估。

像这样以米来表示的土地单价被称作"石盛"。"石盛"乘以面积,便得到了大家所熟知的"石高"。正是伴随着当时石高制的通行,出现了类似"加贺百万石""尾张××万石"这样的表达方式。顺带一提,在此之前最为常用的是"贯高制",即用金钱来表示价值。

秀吉:只要知道了石高,就能知晓年贡的数量,进而可以算出该国能养活的人口数和军队人数。今后就可以直接说"你们国有几千名士兵对不对?要打仗了,把士兵们都调出来",超方便的!

能从农民那里收取的年贡数量,能从大名那里获得的兵力资源,各国的各项数据全都汇总到秀吉手中,这便是"太阁检地"这一超大规模计划的真正目的。

这里还多聊几句。从击败明智光秀开始到秀吉亡故的这段时间所发生的检地运动,被统称为"太阁检地"。再有就是,秀吉的家臣官员们并未能调查到所有大名的领土。仍然有大名以自己的方式进行检地,换算成石高之后上报给秀吉。所以请各位注意,秀吉收集到的这些数据,也算不得绝对完美。

译注:

①日本传统容积测量工具,存在多种规格。丰臣政权在太阁检地时统一采用京枡(十合枡),一枡约合1.804升。

刀狩令　那之后的秀吉　第5节

此外，我还想跟各位聊聊与"太阁检地"相呼应的"刀狩令"。

"刀狩令"也同样是字面意思，即"没收农民的武器"。

日本战国时代的农民大都拥有武器。

出于自保的目的，农民往往都持有刀、胁差（短刀）、长枪，甚至很多人还拥有当时最先进的武器——火枪。

于是秀吉就下命令了：

"一、所有百姓（农民）禁止持有武器！私藏武器，不缴纳年贡且作乱者都将受到惩罚！否则农民就不愿意老老实实种地了！所以先将他们的武器全部没收！

"二、如今正在建造方广寺，没收来的武器全部熔掉，制成佛像用的钉子和镅子[①]！这样一来，无论是今生，还是来世，农民都能得到解脱！

"三、若是百姓只拥有农具，老老实实种地，我保你们子子孙孙永世太平！你们瞧瞧，我是不是特别爱民如子？如此一来你们就可以过上安稳日子了！开不开心呀！"

发布刀狩令的时候，秀吉摆出一副"我这是施恩于尔等"的嘴脸，从农民手中没收了大量武器（但这一政令并未在全国范围内得到推行）。

关于刀狩令的目的，一直以来的说法是"没收农民的武器，防止农民暴动"，说得夸张点，就是为了"解除农民的武装"。

专栏　**这里想稍微多说几句**

不过查看一下没收武器的清单就会发现，除了少量长枪和火枪之外，绝大多数都是刀！所谓的"刀狩令"，的的确确是收缴了大量的"刀"。

既然目的是解除农民的武装，为什么没太管长枪呢？更甭说危险的火枪了。事实上正如"刀狩令"的字面意思，此次政令主要是围绕着"刀"来进行的。

因为**秀吉**的真正目的，是所谓的"兵农分离"。

秀吉：打仗的士兵、耕田的农民，身份给我彻底分清楚！

这算是最近流行的一种看法。

日本战国时代，士兵和农民之间的界线非常模糊。

不存在"这些人是大头兵""这些人是庄稼汉"这样的明确区分。

在大众印象中，"武士成人之后会带刀"，但其实农民成年之后，也会通过带刀来证明自己已经可以独当一面。

对此秀吉采取了措施。

秀吉：为了更加清晰地辨别身份，从今往后"带刀的人＝武士、士兵""不带刀的人＝农民"，这样一来就方便许多了！

于是乎，农民持刀的权利就被剥夺了。

讲到这儿，女士们和先生们或许想要发问：

"秀吉为什么要区分人们的身份呢？"

答案就是：

"因为他想推进职业分工。"

举例来说就是，即便发生了战争，依旧有人耕地，从而能够保持年贡（税收）稳定。

另外，如果明确某一部分人的工作就是打仗，那么无论战争何时爆发，都能够保证足够的士兵人数。

无论是打仗还是收税，只要分工明确，对秀吉来说就是大大的利好——这，才是他真正的如意算盘。

秀吉通过"太阁检地"，以米为基准来确保士兵人数；同时又通过"刀狩令"将人民的身份区分开来，进一步稳固了兵源。

看得出此人对于军事力量相当执着。

可能有人会说：

"但这时候他在日本已经没有对手了吧？"

"没错，所以他将目光投向了海外。"

秀吉开始动起了攻打大明的念头。在统一日本之后，他集全国之兵力，没过多久就开始出兵朝鲜了。

"太阁检地""刀狩令""出兵朝鲜"都是教科书的常客。

如果单纯地把"太阁检地""没收武器""出兵朝鲜"罗列出来，是完全看不出这三者有什么关联的，恐怕也没有人愿意去记住（当然因人而异）。

可如果想要去探究他这么做的真正意图，就会发现这三个计划是环环相扣的，居然还有如此深的渊源……相信很多人也这么觉得（同样也是因人而异）。

"那之后的秀吉"到此结束。

译注：

①用铜或铁打成的扁平两脚钉。

川中岛之战

既然是聊日本战国时代，有一场战争不可不谈，那就是"川中岛之战"。这场战争的交战双方，可谓是"战国时代一等一的宿命对手"。

"川中岛之战"的交战双方是甲斐国（今山梨县）大名武田信玄和越后国（今新潟县）大名上杉谦信。双方以包含川中岛在内的长野盆地[①]（善光寺平）为战场，发生了激烈冲突。

虽然"川中岛之战"在历史上知名度相当高……但你要说"这一战改变了日本的历史"倒也不至于。严格来说，这只是一场局部战争。

这场战争为什么如此有名？

这是因为在日本江户时代[②]，幕府的初代将军德川家康备受推崇，甚至被赋予了神格（东照大权现）。但这位被神格化的德川家康，却曾经惨败于某位大名手下。

这位连"神"都能击败的超强大名不是别人，正是武田信玄。

江户时代有本著名的兵书叫《甲阳军鉴》，里边详细记载了武田军的战略战术等相关内容，有兴趣的同学可以读读看。书中同样介绍了"川中岛之战"，内容可是相当了不得，信玄当然强得没边，而他的对手——"军神"上杉谦信也不遑多让。

大概正是基于上述原因，"川中岛之战"的知名度才如此之高吧（笼统说来就是这样）。

备受武士们推崇的"川中岛之战"的开端，是信玄进攻北信浓（长野县北部），随后谦信从越后出兵迎敌。

那之后的十来年中，信玄与谦信展开了共计五次的拉锯战（具体次数有争议）。

其中，百分之八十的战斗都以小规模的对峙结束，唯有"第四次川中岛之战"的战况极为惨烈。

其实"川中岛之战"的时候，信玄的名字还是武田晴信，谦信则最开始名为长尾景虎，后来依次改名为上杉政虎、上杉辉虎。但为方便起见，这里我们还是以"信玄""谦信"称呼他俩。

当时谦信在妻女山[3]布阵，而信玄的军师山本勘助则发明了"啄木鸟战法"加以应对，具体来说就是：

"兵分两路，派遣别动队攻击妻女山，武田军的主力部队则守株待兔，伏击下山的上杉军。随后主力部队与别动队夹击包抄敌人。"

信玄采纳了这一战术，趁着夜色派出别动队。待到清晨时分，开始进攻妻女山……然而"本该在此"的上杉军却不见了踪影……

另一方面，为了伏击上杉军，信玄的主力部队开始在八幡原[4]布阵。

待到川中岛的晨雾散去，"本不该在此"的上杉军，却出现在武田军眼前。

信玄："咦？"

察觉到武田军的动向之后，谦信悄无声息地连夜引兵下山，前往信玄所在的八幡原布阵。

谦信："杀呀——"

武田军被杀了个措手不及，一时间兵败如山倒。

包括信玄的弟弟武田信繁、军师山本勘助在内的多名武田家重臣先后阵亡。一片混战之中……

一名头上缠着白头巾的上杉军骑兵杀向信玄所在的本阵[5]。

咔嚓!!! 咣当!!! 嘎吱!!!

专栏　这里想稍微多说几句

信玄挥舞指挥扇，连续三次招架住骑兵的斩击。

信玄后来得知，当时挥舞太刀杀向自己的骑兵，正是谦信本人。

没过多久武田军的别动队也赶到，战场、形势顿时发生了逆转，上杉军只得退回越后地方。

极端激烈的"第四次川中岛之战"据说是日本战国时代死伤人数最多的一场战役。

有关这场战争的影视作品和小说汗牛充栋，但其实有很多细节至今仍然不甚清晰。

像是"啄木鸟战法"呀、谦信的行动呀，其中不可能或者说经不起推敲的要素太多，"信玄与谦信的单挑"以及"死亡人数"也同样缺乏确凿的证据。

就目前的研究成果来说，"川中岛之战"依旧谜团重重。

唯一可以确定的事实是：**这是一场由两位战争天才所引发、以北信浓为舞台的拉锯战。**

这便是"川中岛之战"，一场充分满足人们对日本战国时代想象的战争。

译注：
①以长野县长野市为中心的盆地。
②日本历史上武家封建时代的最后一个时期，统治者为三河德川氏。从庆长八年（1603年）德川家康在江户开创幕府开始，历时265年。
③位于今长野县长野市松代町与千曲市交界处。
④位于今长野县长野市的更北地区。
⑤指主将所在的地方。

关原之战

对决

东　西

第1节
从家庭纠纷到全国混战

终于到了决战时刻!

日本战国时代的终极对决——"关原之战"即将开始。

如果有人问起"战国时代是哪一年结束的"——"关原之战"的确有可能会被从"战国时代"除名(因为有说法认为战国时代是到1590年为止)。不过,聊战国时代不谈"关原之战"的话,我会难受得夜不能寐,连喝咖啡都像喝白开水一样寡淡无味。

所以本书还是会将"关原之战"归入战国时代当中。首先简单介绍一下这场战争的概要。

丰臣秀吉死后,丰臣家乱成了一锅粥。一时间德川家康的权力达到了顶峰,**石田三成**欲与之对抗。双方的矛盾日益激化,最终在1600年爆发了战争。日本全国的武将各自站队,分裂成为东西两军,战争的规模极为庞大。**最终家康获胜,三年之后建立了江户幕府。**

大致就是这种感觉。你甚至可以称其为——

"战国后期的全明星大乱斗"。

"关原之战"之前的战争,参战的武将们往往各有打算,事态的发展常常也出人意料……如果将这些大大小小的战争比作"以人生为音

符奏响的乐章",那么"关原之战"则可谓:

"意图与进程所构成的交响乐"。

因为参与人数过多,想法、立场各异,尽管值得一提的小故事相当多,这里依旧只能笼统地介绍战争的大致流程(如对部分细节感兴趣或有疑问,请自行查阅资料)。

那我们就开始喽。

接下来要讲的,正是"关原之战"。

哎呀?

怎么感觉丰臣秀吉很痛苦的样子?(这种开场白的形式有点类似于绘本)

"我要攻打大明!在此之前首先要进攻朝鲜!"

长久以来意气风发的秀吉在出兵期间突然病倒,而且病得很严重。

没过多久就一命呜呼了。

"当时的日本统治者就这么死了,情况会很糟糕吧?"

话虽如此,秀吉好歹还有个儿子——**丰臣秀赖**——能够继位,按说应该问题不大……

问题在于秀吉是老来得子,他去世的那会儿秀赖还是个小娃娃(只有六岁)。

这么小的孩子势必无法亲自执政。

不过丰臣家其实对此早有对策。

秀吉病倒后,当时的丰臣家打造出了一个体系:

"五大老五奉行制"。

所谓的"五大老",指的是"中途臣服于丰臣秀吉的五位强力大名

秀赖后援体系

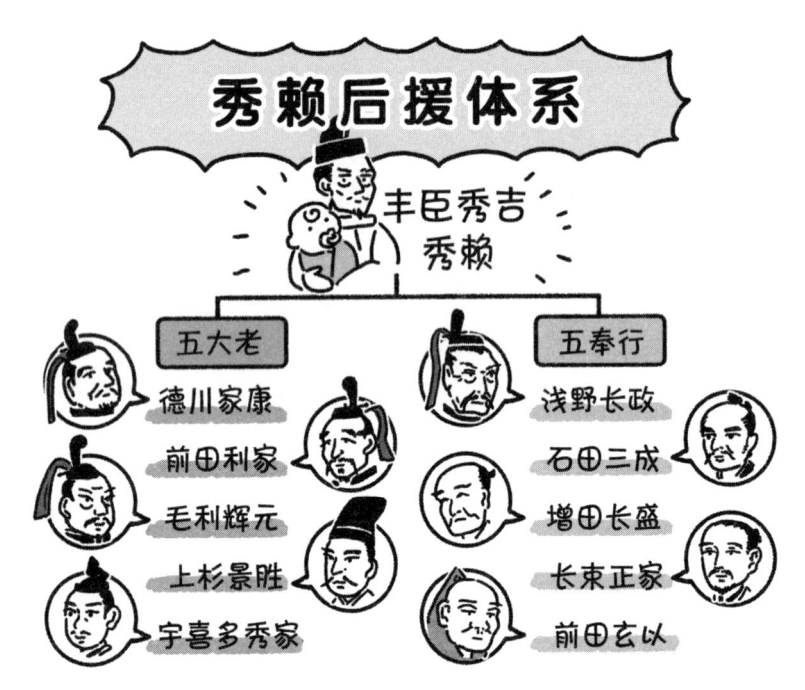

丰臣秀吉
秀赖

五大老
- 德川家康
- 前田利家
- 毛利辉元
- 上杉景胜
- 宇喜多秀家

五奉行
- 浅野长政
- 石田三成
- 增田长盛
- 长束正家
- 前田玄以

（旁系大名）"，分别是德川家康、前田利家（和秀吉关系良好）、毛利辉元（毛利元就的孙子）、上杉景胜（谦信的养子）、宇喜多秀家（冈山人）。

而"五奉行"指的是"丰臣秀吉的直属部下中，政绩最为优秀的五位家臣"，分别是浅野长政、石田三成、增田长盛、长束正家、前田玄以。

打个不恰当的比方，假如存在"丰臣控股公司"这样一家大型企业，那么分公司以及关联企业的总经理就是"五大老"，母公司的员工则是"五奉行"。

所谓的"五大老五奉行制"，就是这十位大叔聚在一起，以会议的形式讨论今后的各种政策（称作"**合议制**"），从而达到"辅政"的效果。

（其实历史上并不存在"五大老""五奉行"这样的称谓，甚至近年来还有研究成果认为"'大老'也会被称作'奉行'，又或者'奉行'会自称'老人'"，这些说法有的甚至颠倒过来。这里不做详细讨论）

秀吉弥留之际，曾经如此交代众人：

秀吉：秀……秀赖就……拜托各位……多方照顾了。

五大老、五奉行：明白！

秀吉：在、在秀赖成人之前……辛苦前田家的利家老弟长住大坂城（在今大阪市），担任秀赖的监护人……家康兄去伏见城（在今京都市），统管日本政治……

前田利家、家康：收到！！

由于秀吉在过世之前将各家臣都仔仔细细地打点清楚了，按道理来说从今往后丰臣家和日本应该一派和平才对……

可要是果真如此，也就不会发生"关原之战"了。

丰臣家的政权经营，靠的是秀吉的个人魅力和能力。然而一旦腹黑的台柱子秀吉轰然倒下，势必会出乱子。

下边要介绍的，便是首先制造麻烦的某位仁兄。

太阁死后，就数此人实力最强。

此人名为——

德川家康。

这里列举一下各位大名的"石高"排名：

第一名，德川家康（五大老），约二百五十五万石。

第二名，毛利辉元（五大老），约一百二十万石。

第三名，上杉景胜（五大老），约一百二十万石。

第四名，前田利家（五大老），约八十三万石。

第五名，伊达正宗，约五十八万石。

第六名，宇喜多秀家（五大老），约五十七万石。

第一名的家康远超其他人。

同样是五大老，第一名的石高足足是第二名的两倍有余，所以家康动点什么小心思也是理所当然的（家康当时的势力范围在关东，然而受秀吉之命"搬了一次家"）。

秀吉死后，这位"双倍"家康老哥就开始走访全国各地的各路大名（岛津、增田、细川、长宗我部等）。

可谓在灰色地带疯狂试探了。

因为秀吉生前立下过这样一条规矩：

"大名之间不可签署协约、私下勾搭！"

这类禁令被称作"成规"。

原因当然是担心大名们暗通款曲，图谋不轨。

所以家康这种走访其他大名的行为其实有点挑战权威的意思，虽说他没有和其他人签署协约，但已经无限接近于"违法"了。

这样一来上边自然不会视而不见……

使臣A：在下是四大老（除家康之外）和五奉行的使臣，受命前来询问家康大人：请问您这是打算作甚？

使臣B：您该不会是忘了"成规"这档子事了吧！"大名之间随意通婚"是被明令禁止的！您明白"禁止"是啥意思吗？

使臣C：可您明目张胆地让自己的儿女（包括养子）和其他大名的子女通婚！！蜂须贺、福岛、伊达、黑田，这都多少家了！您这是坏了丰臣家的规矩！！这作何解释。

家康:吵死了，你算哪根葱。

使臣C:洋葱……混账东西，一点都不好笑！

最终，家康彻底打破了秀吉定下的规矩。还不止如此……

家康:抱歉啦，你说的是联姻禁令？我还真给忘了。

使臣A:（虽然是坐着的，整个人还是惊讶得差点摔倒）忘、忘、忘记了?！开什么玩笑！！今天你要不给出个合理的解释，就把大老的位置给让出来吧！！

家康:嗨……这执政权可是太阁殿下亲手交到我手上的，现如今你们胆敢逼我退位？是打算违抗秀吉大人的遗命吗！

使臣B:（脸色为之一变）嗯……这个……

家康:我不就是忘性大了点儿而已吗？喳喳叫什么？滚吧！！！

使臣们:呜呜呜——

家康突然翻脸，吓唬了使臣们几句，就把他们赶跑了（据说是这样的）。

在当时，联姻是一种很常见的结盟手段。

尽管秀吉生前明令禁止各路大名实力坐大，家康却明目张胆地违反了这一规定。

这样一来，身处大坂城的四大老和五奉行当然就坐不住了。

但人在伏见城的家康也不是吃素的，既然对方敌意已经相当明显，他便从关东把士兵和家臣都调了过来，做好了开战的准备。

以家康打破规则为导火索，丰臣家的家臣们形成了这样的对立局面：

家康（伏见城）对四大老、五奉行（大坂城）。

伏见城和大坂城之间的紧张空气，一触即发。

而四大老和五奉行之中呢，又有人对家康尤其不满：

石田三成：想都别想！！！

这便引出了"关原之战"的另一名主角：

石田三成。

这位仁兄从年轻时开始便追随秀吉左右，对丰臣家可谓是鞠躬尽瘁，死而后已。现如今他更是将全部身心都投在秀赖身上，是一位恪尽职守的优秀奉行。

也正因为如此，三成看家康格外不顺眼。

三成：家康他……家康他到底在想些什么！！

加藤清正：你也好不到哪儿去（怒）。

咦？

好像有点儿不对劲。似乎同样有人被三成激怒了呢？（这里仿佛又进入了绘本场景的第二部分）

没错。

三成对家康不爽，然而丰臣家的家臣中有很多人对他（家康）赞不绝口。

感觉又是一副山雨欲来风满楼的架势。这中间到底有些什么恩怨情仇呢？我这就给大家细细道来。

可以想到的原因有两点：

其一,"**有很多武将看到'五奉行（即三成等人）'就来气**"。

"管你是奉行还是别的什么玩意儿,说到底不就是个当差的吗!成天拿着'秀吉大人的命令'当令箭,颐指气使,惹人生厌!秀吉大人是了不得,可和你们有什么关系!秀吉大人过世以后就更是如此了!就算遗嘱是这么说的,让那些满脑子算计的家伙掌权管理丰臣家根本就是个笑话!又没有值得一提的战功,有什么资格趾高气扬地命令其他大名!"

可以看出,各路大名的戾气很重。

其二,有些大名和三成有个人恩怨。

具体来说就是,"**攻打朝鲜的时候,三成大概给自己树了敌**"。

出兵朝鲜的时候,三成的职责是准备武器和粮食等后方支援工作,以及担任秀吉与前方部队的**联络员**。

前线的战斗主力军,主要是加藤清正、黑田长政、藤堂高虎、蜂须贺家政这样的**战斗系**（被称作"**武断派**"或"**武功派**",不过在攻打朝鲜之前,加藤清正其实更多从事的是奉行方面的工作）。

出兵朝鲜的时候,秀吉只知道一味督促将士们进攻,但身处前线的武将们的真实想法则是:

"嗯,这未免太过冒进了。形式很严峻,得慎重些……"

尽管如此,只要武将们稍微显得消极怠战了点儿,秀吉就会收到这样的报告:

"那些家伙没在认真打!都在磨洋工!"

然后秀吉就会暴跳如雷,**干战争之中各种打击惩罚**:

"一个两个的都在搞什么!!你,关禁闭!你,没收领地!"

而提交报告的人,正是三成的亲戚。

由于提交报告有功,此人获得了大量领地。

关原之战

三成也同样从秀吉那里获得了领地赏赐(虽然他拒绝了)。

"凭什么啊!!!"

战斗系的这群人自然愤怒到没边了。

加藤清正:开什么玩笑……我们拼死拼活地在前线打仗,最后获得赏赐的居然是那些搬弄是非的小人……

黑田长政:这事儿肯定和负责联络的三成脱不开干系……

蜂须贺家政:你什么意思啊,三成!!!

如此一来,三成就惹了众怒。

而家康就故意与不爽三成的这几个人拉近了关系。

这会导致什么后果呢?

当然就是好几位丰臣系的武将成为家康的盟友。

这几位武将参与进来之后,原本"家康对四大老、五奉行"的格局就变成了"家康、丰臣系武将(伏见城)对四大老、五奉行(大坂城)",情势的紧张程度达到了高潮。

这样下去迟早会爆发全面战争!如果两座城都是机器人,感觉都快要变形出击了!

但就在这时——

前田利家:我最近身体不太好,和家康打仗怕是不太行……

家康:好啦,这事儿确实是我做得不太漂亮……

双方的带头人突然想到一块儿去了。

家康、利家:都是我的错!之前的事儿就一笔勾销吧!

紧接着，双方出人意料地快速达成了和解。

这之后利家还前往家康的住处登门拜访，家康也去看望病中的利家，双方一派和乐融融。

于是乎，丰臣家便迎来了永久的和平——

才怪，真要如此，又怎么会爆发关原之战呢？

以那个人的"死"为导火索，丰臣家再度大乱。

第2节
膨胀的独裁者

本节是"关原之战"的第二部分。

首先还是复习环节。

秀吉死了。
↓
由五大老、五奉行执政。
↓
家康和四大老、五奉行闹翻了。
↓
又和好了。
↓
但是呢——

前田利家要死了。

这可相当不妙。

秀吉生前的友人当中,唯一能和家康抗衡的只有利家。正因为有利家在,家康才不敢轻举妄动。尽管丰臣家统一了日本,一旦利家过世,就没人能阻止内部纷争了。

什么?也就是说,家康又要和其他人撕破脸了?

没错,马上就出事了。

利家过世的次日，家康对三大老、五奉行的战争就……

三成：快逃！！！
加藤清正：三成何在！！！
黑田长政：那厮离开大坂了！！

和想象中有些不一样。

爆发的并不是"家康对其他人"的战争，而是"**丰臣系武将追讨三成**"的意外事件。

对三成以及其他奉行极度不满的加藤清正、黑田长政、福岛正则、蜂须贺家政、藤堂高虎、细川忠兴、浅野幸长这七人引发了"**七将袭击事件**"，也就是**针对三成的大规模袭击事件**（根据参考史料的不同，参与袭击事件的人员会有所差异，但这七人参与的可能性很高。此外，还有说法认为该事件的性质并非"袭击"，而是"诉讼骚动"）。

但三成事先获悉了对方的袭击计划，当机立断离开大坂城，逃往自己的伏见城。

七名武将率领的追兵随后也抵达伏见城外。

福岛正则：三成，还有其他奉行，都给我滚出来！！

城内外的军队形成对垒之势。

战斗系七武将对三成。

这种情况就活像是七头霸王龙对上了一只苏格兰折耳猫。

大家是不是觉得此时的三成会吓得瑟瑟发抖？

三成：辉元兄！敌人目前暂时没有动静！此时不出击，更待何时！

然而这只折耳猫超凶的。

三成毫不胆怯,反倒打算将七名对手一举击垮。

他与同伴们商讨反击战术,同时还拜托五大老之一的毛利辉元出战,里里外外投入得很。

由于袭击三成的七人均为家康派,与他们交火,就意味着今后还会和家康……

毛利辉元:不可!!

结果辉元拒绝了。

小西行长(同伴):大坂城里的那些家伙全都已经屈服于家康……不让我们入城!

大谷吉继(挚友):若是大坂城也被家康派染指,秀赖大人就……

安国寺惠琼(僧侣):这下可就众叛亲离了!

奉行(增田、长束、前田玄以):完蛋了——

这里我要问一个不相干的问题:

大家觉得,武士在展开行动的时候,最为重视的东西是什么?

毫无疑问,答案就是:

"在他人眼中,自己的行为是否正确。"

也就是所谓的"行为的正当性"。

而当时的"正当性"是什么呢?当然就是:

"是否得到了丰臣家的认可"。

如果得到了丰臣家的认可,准确来说是得到了丰臣势力的领袖——秀赖的认可,无论你是谁,无论你做什么都是具备"正当性"的。

三成等人如果想打败"战斗系七武将"和家康，亟须仰仗其他各路大名的协助。

想得到协助，就得获得秀赖的"官方认证"……可问题在于秀赖当时还只是个孩子。

所以说白了就是，只要你能让秀赖待在自己身边，就等于拿到了丰臣家的官方背书。

而现如今连秀赖身边也都是家康派的人了，三成等人想获得其他大名的协助可谓难上加难，自然没办法和家康对抗……

嗯，这下可就没办法了。

家康：行啦行啦，差不多得了。现如今日本的执政者可是家康我哟，我说你们几个也都闹腾够了吧？

这起事件的最终仲裁者——家康登场了。

家康：你们也别把三成老弟逼得太狠，未免也太欺负人了吧？

加藤清正：但是，那个，这个……

黑田长政：问题是，三成他，那个……

家康：好了好了，一个个地说。先从长政老弟开始吧。嗯嗯……在朝鲜的时候……嗯……啊，这样呀。对了，福岛老弟怎么一直摆着张臭脸？你有什么想说的吗？

福岛：我讨厌，那些奉行！

家康：这样呀（笑）。要不然这么着得了，重新调查黑田老弟和蜂须贺老弟在朝鲜时的行动，如此一来你们说不定能拿回被没收的土地哟？

黑田、蜂须贺：真的吗？！

家康:这还有假!至于三成老弟,你就去佐和山城(三成的主城,在今滋贺县)隐居吧。然后其他各位奉行……

三成:嗯?嗯?嗯?嗯?嗯?

家康:嗯什么嗯,心里还没点儿数吗?身为引发骚乱的罪魁祸首,现在你却毫发无损,难不成想连惩罚都逃过去?世上哪有这么好的事。不过这次的事情让三成老弟担责任就行了,其他的奉行全都既往不咎!

加藤、浅野(幸长)、细川:嗯?!

家康:有什么好奇怪的,各位奉行也没意见吧?

奉行(增田、长束、前田):(瞟了一眼三成)……没意见!

三成:你们……

家康:那就这么定了!

藤堂高虎:真是精彩的裁断,在下打心底里感到佩服。

家康:过、过奖……

将三成踢到佐和山城之后,这事儿就算是结了。

这场冲突,以家康大获全胜告终。

将对自己有敌意的三成踢出权力中心,同时积极倾听对三成有怨念的其他武将的声音,进一步获得其他人的信赖。

同级别的大老之中已经无人能够忤逆家康,而三成之外的其他奉行也都对家康言听计从。

真可谓是家康一个人的胜利。

还不止如此。

家康:打扰了——

家康的独断专行还在继续。

大坂城的人:哎呀,这不是家康大人吗!欢迎大驾光临!快请进,秀赖大人已经久候……哦?怎么这么多士兵?

家康:嗯,传闻有人企图暗算于我,所以多带了些人手。

三成袭击事件约半年后——

重阳节的时候(九月初九重阳节,在日本又被称作"菊之节",和"桃花节①""端午节"类似),为了向丰臣秀赖道贺,家康来到了大坂城。

而在当时,名为"德川家康暗杀计划"的传闻飞入了家康的耳朵——

家康:为了处置企图暗算我的反贼,我打算在大坂城住上些许时日。

大坂城的人:什、什么?!

家康:啊?!

大坂城的人:啊?!

家康:啊?!

大坂城的人:这个,啊?!

利用这一传闻,家康大摇大摆地入住大坂城。

大坂城的人:请问……到底是何人打算暗算家康大人?

家康:据闻带头的是前田利长(前田利家之子),浅野长政(五奉行之一)也有份儿。

接着家康就对前田利长发话了。

家康:加贺（今石川县南部）的利长！你最近似乎在修建城池、购置兵器啊！是不是打算和我德川家康开战呀？既然如此，我这就带兵去会会你!!（猛吸一口气）出兵征讨北陆！

前田利长:啊?！且、且慢!!我绝无图谋不轨之心!!

家康:是吗？如果你把令堂送到我这儿当人质，我就相信你。

利长:怎、怎么这样!!

芳春院:我愿意做人质！

利长:妈、妈妈!!

家康:那我就原谅你啦——

所谓的暗杀计划是否真正存在，是否是前田等人的对手散布的假消息，又或者是家康本人的自导自演，真相不得而知（芳春院是前田利家的妻子，就是大河剧[2]《利家与松》中的阿松夫人）……

这场骚乱的最后，五大老之一的前田家亦臣服于家康脚下，五奉行之一的浅野则被解职流放。

面对家康，剩下的三名奉行（增田、长束、前田玄以）也完全躺平。

就连大坂城和秀赖，都已经是家康的囊中之物了。

"武力与权力的王者家康"+"丰臣家家督秀赖"="无敌"

堪称无敌了。

将秀赖弟弟拥在怀中之后，家康今后无论做什么都"名正言顺"。

大家怎么看家康这种"唯我独尊"的状态呢？是不是比想象中还了不得？感觉已经没人胆敢挑战这位完美先生了。

但如果没有刺儿头挑事，"关原之战"就不会发生。虽说这种时候挑战家康，未免有点太过有勇无谋。

等一下……三成他们真的是有勇无谋吗？真的是毫无胜算吗？

欲知后事如何，请听下回分解。

下回的主题是——"立场逆转"。

译注：

①指女儿节，是日本女孩子的节日。本来在农历三月初三，明治维新后改为公历三月三日。

②一般指日本拍摄的长篇历史电视连续剧，多为历史正剧。

第3节
以正义之名,速速集结

本节是"关原之战"的第三部分。

首先还是复习。

秀吉死后,丰臣家乱成了一锅粥。
　↓
前田利家死后,发生了七将袭击事件。
　↓
家康出面调停,三成隐居。
　↓
家康几乎掌控天下大权,收服前田家之后,更是如日中天。
　↓
尽管如此——

家康:早知道就该把他们给彻底碾碎!!

突然发生了一起令家康暴跳如雷的事件。
我这就给大家说明一下具体发生了些什么。
事实上,这一令家康暴怒的骚动,甚至可以称作"关原之战"的导火索。
关键词就是"篇幅奇长的信件"。

一天，家康收到了一份报告。

"会津（今福岛县一带）的上杉景胜（五大老之一）正在越后（今新潟县）的边境处修路造桥！""景胜那家伙似乎在购置武器！"

"又修路又造桥，还四处购买武器，摆明了是在做打仗的准备！"

报告的千言万语汇成一句话："上杉那厮打算谋反"。

得知这一消息之后，家康有什么反应呢？

家康：喂，上杉呀！听说你们打算谋反？！如果有什么想辩解的，就到我这儿来把话说清楚！听见没？先过来一趟！

虽然家康嘴上在给上杉家施压，其实心里很可能已经乐开花了。

"呵呵……这样一来上杉家也会像前田家一样臣服于我……"

不管怎么说，此时家康身边的人都有些着急了：

"这下可如何是好呀！"

"得赶紧提醒上杉，否则事态将不可收拾！"

慌乱之际，效力于丰臣家的僧侣西笑承兑给自己私交甚笃的上杉军二号人物**直江兼续**（他头盔上的那个"爱"字非常有名）写了封信：

　　由于上杉（景胜）大人不肯来京都，家康大人疑心非常之重！修路造桥、购置武器也同样容易惹人非议……现在到处都在传上杉大人企图谋反，请火速前来解释情况，表达歉意！如此一来想必能获得家康大人的谅解！

然而直江兼续的回信则是——虽说他确实回了一封信……

关原之战

家康：上杉答应过来了吗？

西笑：嗯，这个……该怎么说呢……"（将信呈给家康）

家康：哟，好长的一封信啊。

文字量超大。

直江兼续寄来的，是一封超级无敌长的书信。

这封信涉及的内容非常之多，如果要尽可能简短地进行翻译，主要内容无非——

你在开什么玩笑呢？

直江兼续　上

嗯，这样说或许也太过简略了，我还是讲具体点儿吧。归纳一下要点，书信内容大致如下：

信我已经读过了。

家康大人会起疑心也是无可奈何之事。毕竟景胜现在与您天各一方，有关他的谣言又满天飞。不过我倒不太在意（笑）。

您总是唠叨着让景胜来京都，可前年上京都去了一趟之后，一直到去年九月方才得以回到自己的领国，现如今您又让人正月再来一趟，未免有点太强人所难了吧……这不就顾不上自己领国的工作了吗？我们这边冬天雪很大，从十月到第二年的三月啥都干不了。

再有，我们家景胜可没有半点谋反的意思呀。

听到些瞎扯淡的报告，都不调查一下就跑过来兴师问罪，于情于理都说不通吧？

遇上有人状告大名，正常人都应该先调查一下具体情况对不对？既然您啥都不查就直接跑来问罪——是不是意味着这中间有什么不可告人的秘密呢？

至于武器嘛，城里的武士可能喜欢收集茶具什么的，但我们这种乡下武士就喜欢收集火枪和弓箭。各地风俗不同罢了，一点都不可疑好吗？您可真是小心眼。

哦，对了，说到修路和造桥……这不就更正常了吗？还不是为了方便交通！没错，我们确实是在各国边境修路来着，不过因为这事儿担惊受怕的，恐怕只有递交报告的蠢材而已吧。

总之我们完全没有谋反的打算，也麻烦您别再说"想辩解的话就来京都一趟"这种孩子气的话。

如果没有秀赖大人的背书，我们就算是四处征战，把天下打下来也捞不到什么好口碑，所以尽管放心，我们不会这么做的啦（虽然我们有这个实力）。

不过话又说回来，群众的眼睛是雪亮的，也请家康大人明察。

为了阐明想法，我写得比较简单粗暴。

直江兼续　上

家康：这个小兔崽子！！！无礼至极，欺人太甚！！

读罢来信，家康气得话都说不清了。
直江兼续这封书信被后世称作——**《直江状》**。
基本上可以看作对家康的直接挑衅。
我在翻译的时候有意采用了吵架的姿态和不那么客气的语气，也尽可能地将书信的全部内容罗列了出来。

如果你收到了这么长一封邮件（《直江状》的原文其实还更长），会作何感想？

想必会气得发抖吧。当然如果你是寄信方，大概正等着看好戏呢。

不过围绕《直江状》的争议也很多：有人认为这一书信的原文已经散佚，现存文稿是后人伪作；有人认为现存文档并非后人伪作，但文字内容有所篡改；也有人认为现存文稿即为原文……各种争论一直没消停过。

但不论这封书信的真假，有一点是可以肯定的：家康确实发火了。

以《直江状》为导火索——

家康：上杉铁定打算造反！我要替秀赖大人教训教训他！

家康决定以丰臣家官方的名义远征上杉氏，史称：

"会津征伐"。

于是乎，双方开始了大规模行军调动。

家康本人、家康之子德川秀忠（后来江户幕府的第二任将军）、听命于德川的各路大名都开始往会津进发。

如此一来——

三成：是时候与家康决一死战了！！

三成也瞅准机会想东山再起。

趁着京都、大坂方面兵力空虚之机，三成决定举兵攻打家康。

很快，他找到了自己的好友**大谷吉继**（我在网上搜了搜大谷吉继的名字，结果出来很多他头裹白头巾的图片。由于得病脸部溃烂，所以大谷必须长期用白头巾遮脸）寻求协助——

三成：与我一同攻打……
大谷吉继：不去。

但三成被对方秒拒了。

三成：算我求你了!! 和我一起战斗吧!!
吉继：说了不行就不行！之前是之前，现在是现在！你知不知道自己的行为会导致天下大乱?! 而且你绝对赢不了的！家康兵多将广，能征善战，关键是人望还那么高！你拿什么跟人家比？
三成：哪有你这样挤对人的！
吉继：你冷静下来好好想想，家康的资产有二百五十五万石，而你才十九万石。两边根本不是一个量级的好吗！况且家康兵多将广，手下个个能征善战，人望还那么高！你拿什么跟人家比？
三成：说够了没有！你说的这些我都明白！可是，可是!! 如果不除掉家康，丰臣家就没有未来可言!!
吉继：……总之我不赞成。

三成毫不让步，吉继则明确反对。两人就这么僵持了大概十天后——

吉继：回心转意了吗？
三成：没有。
吉继：……除非你能把五大老中的毛利和宇喜多都拉拢过来。此外，由于你毫无人望，我方得由毛利辉元担任主帅。如能达成以上条件，其他大名与我方结盟的可能性也会有所提升。

三成：大谷，你……

吉继：既然要放手一搏，就得以获胜为目标。

三成：谢了……

当真是为好友两肋插刀了。

得知三成心意已决之后，吉继着实烦恼了好一阵子，但最终还是决定参与挚友的这个莽撞计划。

虽然这里情景再现的是三成独自与吉继商量的场景，但近年来的研究成果表明，三成其实是和吉继、毛利辉元、宇喜多秀家一同商议讨伐家康的计划，也就是说和家康翻脸并非三成一个人的主意。

如此一来，三成和吉继便结成了同盟。二人接下来要做的当然不是合个影发个社交动态，而是——

"拉拢其他三位奉行（增田、长束、前田）"。

原因很简单。

三成目前的行为毫无疑问属于谋反。

可如果能拉拢"丰臣集团"母公司的员工（也就是三奉行），就等于获得了"丰臣政权内部人员的认同"，那么三成等人的谋反行为就会立马变成"正义之举"。

但正如上文所说，当时三奉行已经完全唯家康马首是瞻，得知三成的动向之后——

三奉行：家康（辉元）兄，三成和吉继打算造反！请即刻去大坂！

他们分别给家康和毛利辉元送去书信，试图镇压三成、吉继的谋反行为（态度还挺认真的）。

但三成自有对策。

三成：三位请听我说！如今情况是这样这样的！所以应该那样那样。这样这样，那样那样。如此这般，那样这样。我说完了，还请各位助我一臂之力！

三奉行：好的。

三成居然成功说服了三奉行。

与此同时，辉元从广岛赶到，**三成这边的强力盟友不断增加**。（前文也提到，辉元其实从一开始就参与了此次计划，又或者这一计划是通过安国寺惠琼从三成那儿传达给辉元的。为了与三成并肩作战，辉元这才从广岛赶到大坂。此外，以前的说法是"三奉行从一开始就参与了该计划，但同时又把该计划透露给了家康。万一今后三成战败，也算是给自己留条后路"。但现在看来，他们一开始很可能完全不知情，是途中参与到计划中来的）

抵达大坂后，辉元将家康派的人员通通赶出了大坂城。

毛利辉元：秀赖大人！从今天开始就由我陪在您左右！
丰臣秀赖：行吧，你们开心就好。

辉元就此入主大坂城，将秀赖控制在了自己手中。

如此一来，三成等人就成了秀赖的官方代理人，达成了史诗任务："获得丰臣家的官方背书"。

这还不止。

为了招募更多盟友，三成还以三奉行、辉元、宇喜多秀家的名义发布了弹劾状（指责他人"违法乱纪"，要求追责的书状）：

《内府诸罪状》。

"内府"指的是内大臣，有点类似家康的"公务员头衔"，而"罪状"就是"过错"的意思。

所以这《内府诸罪状》，就是在说"家康，你犯下了许多过错"。这些过错被一条条列出，整理成了文书。

三成等人列举出的"家康罪状"有：

逼三成隐居！

欺辱前田家！

企图征讨无辜的上杉家！

坏了大名之间不可联姻的规矩！

…………

共计列举了家康十三条罪状。

文书的最后还加了这么一句话：

"当年信誓旦旦向秀吉大人许下的承诺，家康如今全无恪守之意!! 这种人不配掌管政权!! 我们要讨灭家康!! 为了秀赖大人，大家请与我们并肩作战!!"

这封文书被寄给了全国各地的大名。收到信件后——

大名们：家康确实很不对劲!! 现如今正是报答秀吉大人知遇之恩的时候!!

全国各地受过丰臣家恩顾（即丰臣家对其有恩）的大名陆陆续续在大坂集结了。

这支以"打倒德川家康"为目标的军团，开始进攻家康在关西地区的据点——伏见城。

宇喜多秀家:给我杀!!

由于三成的人获得了丰臣家的官方背书,"会津征伐"就变成了一场"家康自行引发的战争(私战)"。

家康与三成的立场发生了逆转。

德川这边的危险信号已经不是在闪烁,根本就是持续亮红灯了……

不开玩笑,当时的家康有可能会输掉"关原之战"。

第4节
前有狼后有虎，这是什么情况？

复习啦，复习啦，"关原之战"的前三节都发生了些什么？

本节是第4节哟。

丰臣家中，家康处于无敌状态。

↓

家康质问上杉是不是打算造反，结果被甩了一封《直江状》在脸上，暴跳如雷。

↓

打算和上杉开战的时候，三成反倒先和家康开战了。

↓

辉元与三奉行也和三成结盟，开始散播《内府诸罪状》。

↓

与此同时，家康方面……

家康：三成和大谷吉继举兵了？！

三成举兵的消息传来后（当时家康还不知道《内府诸罪状》），家康下令道：

"正前往会津的各位，请速速到小山集合！"

大名们在小山（今栃木县小山市）会师，召开会议。

家康:辛苦各位远道而来。三成已经举兵,想必各位会十分担心身处大坂的妻子儿女。不过在此之前先请各位回答一个问题,家康和三成……

大名们:……

家康:你们打算跟谁混!!(各位还好吗!!)

福岛正则:当然是跟家康兄混!

家康:谢谢!!(谢谢!!)

山内一丰:今后家康兄若是前往东部,我的挂川城您想住多久就住多久!

家康:感激不尽!!

会场之上,几乎所有丰臣系武将都倒向了家康这边。

这便是关原之战题材的影视作品必定会提及的"小山评定"。这里只是简单地做一下情景再现。

但由于缺乏比较靠谱的史料,这场会议的真实性都存疑,因此一些所谓的"名场面"很可能是虚构的。普遍存在两种针锋相对的主流观点:

"历史上根本就没有发生过这场会议。"

"虽然谜团重重,但会议本身肯定是存在的。"

细枝末节的部分暂且略过不提,这里想传达给各位知晓的重点,是家康身边的丰臣系武将全成了他的友军。

如此一来,便形成了这样一种局面:

德川家康(主帅)统领的"东军"对阵毛利辉元(主帅)统领的"西军"。

而很快,两军中心人物的对决也即将展开,那便是:

关原之战

东军德川家康对阵西军石田三成。

为了打败三成,东军发起了大反扑,浩浩荡荡往西而去。

家康此时对儿子秀忠做了交代——

家康:秀忠!老爸我接下来要途经东海道[1]前往西方!你取道中山道[2],去攻打信州[3]方面的西军。随后我们再会师!

秀忠:是!

德川军兵分两路,秀忠领兵三万八千人,家康领兵三万人,分头朝西部开进。

此时秀忠的人马数甚至超过了家康,但战争并非仅靠人数说话。

德川家的"得力家臣"们几乎都在秀忠的部队里。

所以请牢记:"虽然家康方面是主力部队,但核心战斗力全在秀忠这边"(请尽可能地把这一点扎根在脑海里)。

奇怪的是,家康率领的主力部队并未马上前往东海道,而是入驻了家康的江户城……接下来便一直按兵不动。

严格来说不是"按兵不动",而是"想动也动不了"。

主要有三点原因:

1. 若是上杉和常陆国(今茨城县)的佐竹氏乘乱攻来,那可就大事不妙。

如果家康离开江户,上杉氏以及多半已与上杉氏结盟的佐竹氏很可能会来进攻关东。

所以家康不能轻举妄动。

他开始修筑城池,以防备上杉方面可能的袭击。

2. 他写了信。

家康向东军的武将们各修书一封。

"大家加油！此战若能取胜，领地封赏都不是问题！""好好干！争取让西军的某某向我军投诚！"

家康一方面向部下们做出各种许诺，一方面还让他们想办法尽可能地增加盟友。

"关原之战"前后的七月、八月、九月这三个月中，他总计寄出了超过一百七十封书信，感觉都要得腱鞘炎了（虽说信可能都是秘书代笔的）。

3. 他不信任东军的丰臣系武将。

或许这才是最为关键的理由。

丰臣系武将向西进发后，家康被一封书信给惊到了。

没错，正是前文提到过的《内府诸罪状》。

"大事不妙!! 这样一来，丰臣家的官方背书就被西军抢去了!! 不仅如此，我们反倒成了大逆不道的罪人！一旦秀赖被西军控制，福岛等丰臣系大名随时都可能叛变！麻烦了，麻烦了!! "

丰臣系的武将之所以愿意与家康结盟，完全是因为家康拥有秀赖的名头。一旦失去秀赖这一招牌，就很难保证他们不会动歪心思。

与他们共同行动太过危险，所以不能离开江户城……

在第2点中，家康写了那么多封信，并且用领地来诱惑各路大名，其实也有通过利诱维持合作关系的意思。

综上所述，家康只能在江户城坚守不出。

东有上杉与佐竹，西有三成和毛利，同时还有被东军成员背叛的

215

关原之战

危险……这种情况我们通常称作:

"危机重重,四面楚歌"。

然而先行出发的东军部队对家康的考量毫不知情。

从他们的角度来看:

"为什么家康大人还不行动呢?!"

福岛正则:大家已经在我的主城(清州城)集合多少天了?!家康大人是打算把我们当弃子吗!!

福岛这么一叫唤,家康的二女婿池田辉政坐不住了。

池田辉政:喂!!你怎么说话呢!!我老丈人他老人家肯定自有打算!

两人一个质疑家康,一个维护家康,吹胡子瞪眼地就要动起手来。

井伊直政:好啦好啦,两位冷静冷静!
本多忠胜:行了行了,两位都别激动!

尽管家康的家臣井伊直政和本多忠胜出言相劝,东军内部的对立情绪依旧一触即发,仿佛随时都会内讧(直政和忠胜均为"德川四天王"之一)。

前有狼后有虎,这什么情况?谜一般的大危机,即将爆发。

直政:主公!!请速速出阵!!
忠胜:否则丰臣系的大名们恐怕会与我方决裂,退出东军!

直政与忠胜派人向家康诉苦。对身处前线的他们来说，情况实在是万分危急。

拿到报告后，家康做了个决定——

家康：如此一来……唯有一试……

他决定赌上一把，派遣使臣前往清州城。

使臣：您好，我是使臣。
福岛：好什么好？家康大人为何还不出阵？（怒）
使臣：这个嘛……吾固守不出，皆因尔等尸位素餐。若诸君有所建树，吾亦当速速策马前行。
福岛：什么!!
直政、忠胜一脸"你、你在说什么呢"的表情。

使臣的话翻译过来——

家康：我之所以一直不出阵，还不是因为你们啥都没干（为什么不开打啊）？你们要是干劲大一点，我当然会立马率领大军杀过来。

家康这完全就是挑衅了。

福岛：喂。
直政、忠胜的内心：别过来……
福岛靠近使臣。
直政、忠胜的内心：不妙!!

217

福岛：……那敢情好。行啊，我这就领兵出阵，杀三成一个片甲不留，让家康大人瞧瞧我军的厉害！

丰臣系东军：干掉他们！！

直政：情况突然……

忠胜：好转了……

福岛等人本就因为家康按兵不动憋了一肚子火，这时候家康再来一句"这事不怨我，都是你们的错"，嘲讽效果当真是一等一。

家康通过偷换概念，将"己方按兵不动"这一行为归咎到他人身上；通过话术，让丰臣系的武将们老老实实替自己打工。

从结果来看，简直就像是通过控制思维强行让对方上战场似的……家康真的和《超感警探[④]》的男主角有一拼。

接下来，家康这边越发顺风顺水。

通过史无前例的激将法点燃丰臣系东军成员的怒火后，他们的攻势变得——

极为凌厉。

东军这些武将不愧为战斗系，进入美浓（今岐阜县）与西军交手后，表现出的战斗力极为强悍。

一眨眼的工夫，西军的重要城池——岐阜城便被攻陷（守岐阜城的人是织田秀信，也就是当年的三法师）。

东军的攻势势如破竹。由于福岛等人全身心投入战场，强如岐阜城陷落也是分分钟的事儿。

家康这边此刻形势一片大好，当真开心得不得了。

只不过——

家康：这些丰臣系武将的战斗力强固然是好事，可要是强过头了……岂不是根本不用理会我和秀忠，单凭他们自己便能击垮西军……不可不可不可不可不可！！

过于顺风顺水也不是好事。

如果这群人不倚赖德川家的力量便能取胜，对家康来说，胜利便毫无意义。因为家康并非那种寻常的家长，可以面带微笑看自家孩子在运动会上大放光彩。

慌忙之中，家康向东军诸将下达了"在我和秀忠抵达之前，先行待机"的指令，终于带兵杀出了江户城。

途经小田原⑤、三岛⑥、冈崎⑦、清州⑧，家康的军队沿着东海道一路向西行进。

伴随着进军的军号声，最终决战的倒计时开始了。

——父亲大人，这一时刻终于到来了。

——秀忠，此战将会改变天下格局。虽说汝此番乃初临战阵，亦不可有丝毫懈怠。

——孩儿谨遵父亲教诲，此战誓当取下三成首级。

——哼，口气不小。但是秀忠啊……

你现在人在哪儿呢？

秀忠还没到。

不管家康在脑中怎么幻想，儿子都没有出现。

此时家康已经抵达爱知，就在岐阜旁边。都到这节骨眼儿了……秀忠到底在闹哪样呢？

秀忠：加快速度!!

秀忠其实一直在赶路。

只是途中他们遇上了**上田城（在今长野县）**这块硬骨头，耽搁了很久。守城的武将，是现代社会相当知名的**真田昌幸和信繁（即真田幸村）**父子俩，秀忠与两三千真田军缠斗多时，一直被困在信浓无法前进。

不过家康决定离开江户城时，其实给秀忠写了一封书信，命其前往美浓。

然而不巧，当时天降暴雨，河流涨水，信使迟迟没能将信送到秀忠手上。

待到书信迟了多日被交到秀忠手上的时候——

秀忠：（双手颤抖）

榊原康政（"德川四天王"之一）：少主似乎颇为惊恐，家康大人所言何事?!

秀忠：看得让人直打寒战……父、父亲大人让我等前往……美浓……

本多正信（家臣）：美浓?!

秀忠：没错！他让我们去美浓!!

正信：家、家康大人是何时离开江户的?!

秀忠：九月一日就出发了!! 今天是几日?!

康政：已、已经是九月九日了!!

正信：尴尬了……此刻家康大人应该已经很接近美浓了……而我们这才出发……

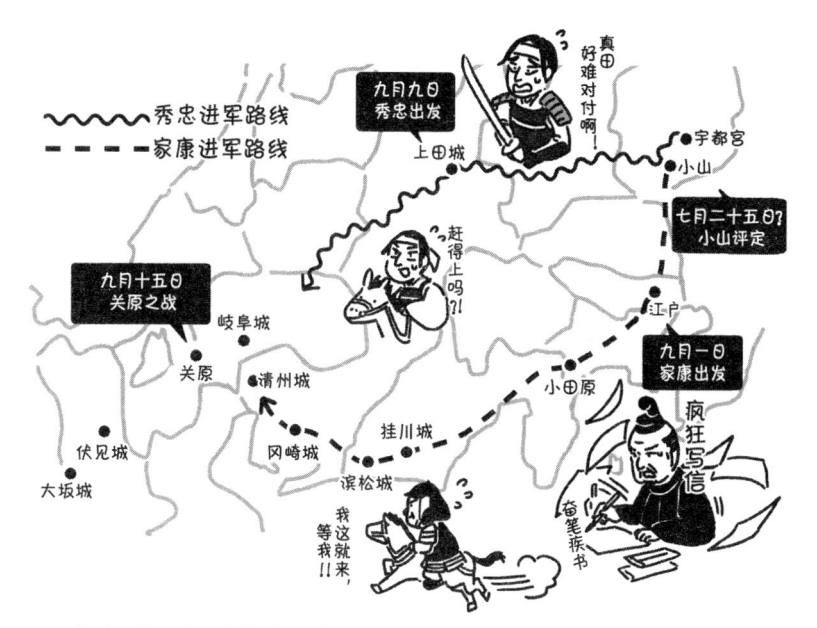

康政:从此间到美浓的路上多为狭窄险峻的山道,三万八千人的大军得花上多少时日方能抵达?!

秀忠:冷、冷静些!!不对,现在不是冷静的时候,得赶紧出发才是!!

如此这般,秀忠方面迟到得很彻底。
不过家康方面也一样慌乱。

家康:怎么办?!等秀忠,还是不等?!

井伊直政:时机已经成熟,应当立即开战!若是不断推后决战时日,东军其他成员的斗志会大幅削弱!更有甚者,若是知道毛利辉元将秀赖大人从大坂城接出,东军的丰臣系武将多半便会放弃战斗!甚至有可能直接投敌!

本多忠胜:不,我觉得应该等秀忠大人到了之后再做打算!倘若在德川主力部队缺席的情况下贸然开战,势必不得不仰仗丰臣系武将之力。如此一来即便获胜,也并非我德川家的胜利!倘若让他人立下

关原之战

战功，日后其势力定然会越发坐大！这无异于给今后的德川家埋下祸根！

家康：你俩的看法都有道理！好，我意已决！！

家康再度面对重大危机。这次的他，会做何决断呢？
下一节我们来聊聊，家康他们是怎样在"秀忠缺席的情况下开战"的。

敬请期待。

译注：

①相当于今三重县至茨城县间的太平洋沿岸区域。

②指从江户（今东京）经内陆前往京都的道路，途经现在的东京都、埼玉县、群马县、长野县、岐阜县、滋贺县。

③今长野县。

④美国罪案调查电视剧，2008年9月23日在美国哥伦比亚广播公司首播，讲述一名叫作帕特里克·简的独立顾问利用出色的观察技巧（如读心术），成功侦破多宗大案的故事。

⑤今小田原市，在神奈川县西部。

⑥今三岛市，在静冈县东部。

⑦今冈崎市，在爱知县中部。

⑧今清须市，在爱知县西北部。

第5节
决定人生的，只是区区数小时

本节是"关原之战"的最后内容。

首先还是复习环节。

得知三成举兵后，家康反而先回了趟江户城。
　↓
东军对阵西军。
　↓
由于不信任丰臣系的大名们，家康在江户城按兵不动。
　↓
福岛等人不耐烦了："这人咋就不动窝了呢！"
　↓
但在家康的激将法之下，东军飞速进击，接连击败西军。
　↓
就在家康窃喜的时候，秀忠却一直没现身……

家康：罢了罢了!! 不来的人怎么等都不会来了!! 再这么等下去，要出事的，现在就进军美浓，与西军交战！

老爸家康决定不等秀忠，带领军队朝决战之地进发。

大家可能已经隐隐约约地预感到了，这场"关原之战"呢，秀忠

关原之战

他算是——

赶不上了。

这场决定德川氏命运的超重要战役，家康的儿子及主力部队都没能参战。

顺带一提，战事结束数日后，秀忠前往家康处谢罪，结果——

家康家臣：大人此刻心情不佳……怕是不方便接见少爷……
秀忠：……还在生我的气呢？

家康拒绝与秀忠见面。

潜台词就是"爸爸我没你这种不守时的儿子"。

即便在现代，秀忠这一"关原之战迟到公子"的形象也广为人知，所以总会给人一种呆呆傻傻的印象……身为将军，其知名度也不如其父家康和儿子家光（江户幕府第三任将军）。

但近年来对秀忠的评价有急剧上升的趋势。

因为有研究认为，德川幕府之所以能成为持续了二百六十年以上的长寿政权，可以说都是秀忠的功劳。在奠定幕府基石方面，秀忠厥功至伟。

所以秀忠这人其实也很了不得，不过具体怎么个了不得嘛，今后有机会我们再细聊。

接下来我们拣重点的说，从下边这一天开始继续讲述"关原之战"的故事。

庆长五年九月十五日（公元1600年10月21日）。

美浓国的关原成了本场战役的决战之地。

东军七万四千人对阵西军八万余人。

一切准备就绪后,"关原之战"正式开始(历来有关双方的兵力争议颇多)。

下边简单罗列一下参战的主要大名和武将。由于参战人数过多,这里只能拣重点的说:

东军是德川家康、福岛正则、藤堂高虎、松平忠吉、井伊直政、黑田长政、细川忠兴、加藤嘉明、本多忠胜、池田辉政、浅野幸长、山内一丰等。

西军有石田三成、岛左近、岛津义弘、小西行长、宇喜多秀家、大谷吉继、小早川秀秋、毛利秀元、吉川广家、长束正家、安国寺惠琼、长宗我部盛亲等。

可能有人会奇怪,为什么没看到某些熟面孔武将的名字呢?要知道此处列举的都是直接参与了关原之战的武将名,而在当时日本的北部和南部,东西势力的交战也同样未曾偃旗息鼓过(东北方面的交战双方为伊达正宗与上杉景胜,九州方面的交战双方则是加藤清正与黑田官兵卫)。

但不管怎么说,当时的大量知名武将此刻都汇聚在了关原。

由于战场上浓雾弥漫,双方都不敢贸然动手。但对峙的局面总不可能一直持续下去,最终战斗的号角还是被吹响了。

战斗开始了——

东军:冲呀——

西军:杀啊——

福岛正则向西军最为人多势众的宇喜多秀家的部队发起了进攻。

藤堂高虎则开始攻击大谷吉继的部队。

大量的东军部队向石田三成的队伍发起冲锋。

关原之战

刀光剑影之中，枪林弹雨之内，兵刃的寒光所到之处，怒吼声、马啸声此起彼伏。

这是真正的战场。

三成：放马过来，东军！速速与我石田三成决一死战！呵呵呵……不过前提是你们过得了我军猛将——岛左近这一关！我倒要看看你们有没有这个本事！

三成提到的岛左近是他本人的重臣之一，有道是"强过治部少之人或物有二，其一名曰岛左近，其二名曰佐和山城"（治部少指的就是三成，这句话是说"岛左近和佐和山城都让三成独占，有点太浪费了"）。

之前发生的"杭濑川之战"（此役被称作"关原之战"的前哨战）中，岛左近凭借卓越的战术击败敌军，大大鼓舞了西军全军的士气，是三成引以为傲的猛将。

砰！

岛左近中弹了。

三成：岛左近居然中弹了？！

岛左近被黑田部队的火枪击中，只得撤离战场。三成军的先头部队顿时崩盘，黑田长政、细川忠兴、加藤嘉明的部队马上杀了过来。

放眼所见，各路人马陷入一片混战，关原被腥风血雨席卷。

三成：接下来才是决定胜负的关键时刻！以狼烟（即烟雾信号）为

号,南宫山的毛利部队和松尾山的小早川部队将会立刻出动!毛利部队和小早川部队皆人多势众,一旦加入战局,我方定能取胜!

三成说得没错。
毛利部队和小早川部队的兵力之多,在西军中算得上是前三位的。一旦他们出动,东军可就要吃不了兜着走了,获胜的必然会是西军。
前提是,他们会"出动"。

三成:可以了!升起狼烟!!

呼哧呼哧呼哧……呼哧呼哧呼哧……

三成:……

呼哧呼哧呼哧呼哧呼哧呼哧呼哧……

三成:……呼哧呼哧地吵死了!为什么一点儿动静都没有!!怎么回事?什么情况?!毛利和小早川怎么还不行动!!

我就直接说结论吧:因为当时他们"**已经商量好了**"。
大家还记得此战爆发之前,家康在江户城里闭门不出的事儿吧?当时我们说他的目的之一,是为了写信联系各路大名。
当时家康通过写信下达了各种指示,还进行了不少交涉。
东军成员黑田长政获得家康的指示后,立即联络了毛利和小早川,与其达成了这样一道协议:
"开战之后,帮助东军。"

也就是说……此战或许还没开打就已经结束了。

由于毛利辉元负责镇守大坂城,三成所说的南宫山毛利部队的指挥者其实并非辉元,而是**辉元的堂弟兼养子毛利秀元**,以及**辉元的另一位堂弟吉川广家**。

与东军暗通款曲的是吉川广家,他对东军开出的条件是:

"开战之后我方部队会作壁上观,作为回报,此战即便最后东军得胜,也请对毛利家的领地不动分毫。"

然而毛利秀元对此完全不知情。

毛利秀元:喂,广家!为什么不出兵!那边已经升起狼烟了!
吉川广家:嗯,你看嘛,这不是……雾还没散干净吗?
秀元:啊,这么一说还真是……才怪哩!你当我是白痴吗!
广家:真的不行啦,接下来是士兵们吃盒饭的时间。
秀元:吃、吃盒饭……现在?!在这个节骨眼儿上?!就连士兵都会奇怪"为什么现在吃盒饭"!好吧!!赶紧动身!你这个先头部队不行动的话,谁都动不了!

受广家的拖延战术所累,附近的安国寺惠琼、长束正家、长宗我部盛亲都没办法行动。

长宗我部盛亲:毛利兄!你们不出阵吗?!
秀元:嗯,不是……目、目前我军士兵正在吃盒饭!
长宗我部盛亲:用膳……这个节骨眼儿上吃盒饭,贵军士兵不会觉得奇怪吗?!

毛利军因为用膳耽误了时间，没能及时出兵——这便是知名典故"宰相的空饭盒"的来历。

这样一来，安国寺、长束、长宗我部的部队全按兵不动，大量士兵未能参战。

唯一能仰仗的，就只有扎营在松尾山的小早川部队了。

如果连他们都袖手旁观的话，西军百分之百会输。

而就在这时——

三成的家臣：三、三成大人！小、小早川部队从、从、从、从松尾山上下来了！！

三成：嘿，此话当真？！总算是来了！！

三成的家臣：下山之后，他们开始攻打大谷吉继大人的部队！！

三成：这下彻底完蛋了——

小早川部队反水了。

松尾山方面的小早川部队，指挥官是丰臣秀吉妻子（宁宁）的侄子，时年仅十九岁的小早川秀秋。

其实在开战之前，西军的成员们就觉得秀秋有些可疑。

从结果上来说他确实也背叛了西军，算得上是"不负众望"。

不过这里要特别称赞一下大谷吉继。

面对八千（也有说法认为超过一万）人之多的小早川部队，大谷吉继以区区六百人的兵力与之对抗，甚至两三次将敌人逼退到了山上，可谓强悍得如同天神下凡一般。

吉继一直在孤军奋战，这时如果有人能帮他一把，可能结果就又不一样了……总之以小早川部队反水为开端，事态变得一发不可收拾。

胁坂、朽木、小川、赤座等业已私下投敌的武将一同朝吉继发起了进攻。

如此一来，即便是吉继也难以为继，他心有不甘地率兵战斗到最后一刻，当场自尽。

家康：很好，就是现在！给我杀——

小早川的背叛直接引发了西军的全面崩盘，而家康自然不会放过这一千载难逢的好机会。他出动德川军主力部队，迅猛地发动了全面进攻。

小西部队和宇喜多部队相继被击溃，最后终于轮到——

三成的家臣：三成大人！我军已经撑不住了，请速速撤离！！
三成：可恶……无力回天了吗！！

石田部队也兵败如山倒，三成只得撤离战场。
不少武将本以为这场决定日后天下格局的战斗会持续很久。
但其实"关原之战"仅进行了六个小时左右便分出了胜负，以东军大胜落下了帷幕。

虽然上文为大家介绍了"关原之战"当日的具体情况，但其实此战留下了很多未解之谜。
毛利与小早川反水一事，尚可以根据往来书信以及之后的事态发展知晓细节，但现场的各种互动以及其他各位武将的动态，则是**谜团重重**。
上文提到的大致流程以及各种逸闻，基本上都是在"关原之战"过去五十到一百年之后由后人整理的。

也就是说，现如今我们所了解的当日流程，仅有以下内容：

"开战之后没多久小早川秀秋便向东军倒戈，于是西军败退。"

一直以来，提到"关原之战"中小早川这人的表现，人们总说他"犹豫了很久到底该帮哪一边"。其实开战之后，小早川立马便选择了反水（人们认为这种可能性很高）。

于是乎，战斗很快便分出了胜负，甚至有人认为"关原之战"其实只持续了不到两个小时……

看来我们对"关原之战"的认识也是不断"变化"的。

"关原之战"的故事我们已经聊了很久，大家觉得如何呢？

受限于篇幅，这里不可能将全部内容一一罗列，但从这场战争中我们仍旧能看到很多东西。

其中最为重要的一点就是：

"如果像石田三成一样，过分将自己所认为的'大义名分'等同于'目的'，会导致怎样的后果？"

"关原之战"中，三成招募盟友的口号是"家康的行为是无大义的！为了丰臣家，请与我结盟"。

而家康募集盟友的说辞则是"和我结盟啦，我会给你们领地的"。

乍一看三成似乎品行高洁，家康似乎一肚子坏水，但他俩到底谁更为他人着想呢？其实是家康。

三成号召天下大名共同对抗家康，是基于"为了丰臣家，为了大义名分，大家理应团结起来"这一基本逻辑。换句话说，他并没有考虑这么做对他人有什么好处。

与三成不同的是，为了让手下这些各怀异心、目的大相径庭的临时部队变成铁板一块，家康直接采取了利诱的方式。为了防止军心不稳的丰臣系大名临阵倒戈，家康直接为他们准备了"具象化的报酬"——赐予领地。当然，战争结束后，这些大名未必能拿到家康在书信中许诺的领地就是了……

正如上文所说，从"关原之战"的结局可以看出一个问题：

石田三成单纯高举"大义名分"的大旗，通过"否定他人"建立起的团队，是无法长期存续的。

和人打交道的时候，最好先明确一个概念：每个人都拥有"属于自己的需求"。

三成有属于三成的需求，家康同样有属于家康的需求。但与三成不同，家康在和他人打交道的时候，脑中存在的概念是"他人的需求与我不同"。

罔顾他人的需求，偏执地将己方的利益强加在别人身上的话，将会面临失败。

以前有个朋友曾对我说过这么一句话：

"世上没有永远的朋友，只有永恒的利益。"

当时我听了深以为然。

无论是谁都拥有自己所追求的东西，但这种追求会随着时间和地点的变化而产生变化。相反地，哪怕备受嘲笑，你也不能证明它不能实现，是吧。

所以一旦遇到不同的利益追求，我们不要一上来便加以否定。至少这一点是应该避免的（这仅是我的个人意见）。

最后再多说几句。

"关原之战"结束后，石田三成、小西行长、安国寺惠琼这三位西军的首脑人物被斩首示众了。这里讲一段三成被处斩前的逸闻（虽然不知真实与否）。

行刑前，三成说自己口渴了，希望守卫给自己一杯热水。

但守卫表示"没有热水，倒是有柿子"，对此三成的回答是"柿子生痰（对肠胃不好）"，拒绝了这最后的食物。

听到这话守卫不禁笑了：

"马上要去见阎王的人，还担心吃坏肚子？"

三成回答道：

"胸怀大义者，直到生命的最后一刻都应当爱惜羽毛。吾成就大义之愿，便是这般殷切。"

三成输掉了"关原之战"，但没有人能够否定他的思想。

专栏　最后还想说两句

大坂之阵

最后的最后，打算给各位介绍一下日本战国时代最后的大战——"大坂冬之阵""大坂夏之阵"，合称为"大坂之阵"。

参战的双方，是创立了江户幕府的德川家和当时尚未失去存在感的丰臣家。两股势力之间爆发了激烈冲突。

从时代划分来看，这场战争毫无疑问是发生在江户时代的。所以将其划入"战国时代战争"的范畴未免有点勉强……

但也有观点认为，"大坂之阵"之后，从战国时代一直延续下来的矛盾冲突终于完结，所以此战堪称"战国时代的最终一战"。

打赢了"关原之战"后，家康给予自己合作的大名（东军）们加封领地，同时大量削减了那些与自己兵戈相向的大名（西军）的领地。

这之后他就任征夷大将军，在江户设立了幕府，距离统一日本只剩下一步之遥。

但当时丰臣家的人却是这样一番打算——

淀殿（秀赖的母亲）：家康以及德川家只是在秀赖成人之前临时摄政吧？等到秀赖长大成人，就应该交还政权了吧？

对此，德川家的态度——

家康：现如今还有不少大名念念不忘丰臣家的旧恩，决不可麻痹大意……老老实实与德川家合作倒也罢了，若是不愿合作……

所以两家之间的气氛又变得十分暧昧，关系也日趋紧张。

这之后发生的"**方广寺钟铭事件**"，更是让德川家和丰臣家彻底决裂。

当时丰臣家正在重建"方广寺"这一寺庙，寺庙内的梵钟上被人发现刻有"国家安康　君臣丰乐"的字样，这下顿时捅了马蜂窝。

德川方面：丰臣家的诸位，"国家安康　君臣丰乐"算是什么意思？！说来听听！！

丰臣方面：能有什么意思？不就是"希望国家和平安定，君主家臣全都财源广进、快快乐乐"的意思吗？有什么问题？

德川方面："国家安康"这句话把"家"和"康"切分开了，"君臣丰乐"这句话里有"丰"和"臣"字。所以这两句话的实际含义，是"杀死家康（德川家灭亡），丰臣家万岁"的意思才对吧！竟敢诅咒家康大人和德川家！

丰臣方面：强、强词夺理！你这根本是文字狱！！

感觉全世界的杠精都应该跟家康以及德川家学学抬杠和揪小辫子的技巧。

不过话又说回来，丰臣家其实也不是什么无辜的白莲花。

当时大人物的真名被称作"讳"，其他人不可随意称呼或书写。

若是贸然提及地位高于自己之人的名讳，那可是极大的冒犯。（因此当时一般用官职名称呼位高权重者，如称家康为"三河守""内府"，称三成为"治部少辅"，可以理解成"公务员名"）

此外，构思这篇钟铭[①]的僧人清韩曾说过这么一段话：

清韩：为表庆祝之意，贫僧将（家康大人的）名字拆散之后，以"隐

题"的形式藏入了铭文之中。("隐题"是和歌等文学作品的一种技法，是将事物的名字藏入语句当中，让人无法第一时间辨识）

所以钟铭的作者是有意使用了"家康"二字，而且将两字拆分开后分别藏入了文字之中。

清韩本人或许觉得这是个不错的点子，但就事论事，他的这一行为毫无疑问会激怒德川势力。

事发后，最着急的是丰臣家的家臣片桐且元。作为丰臣家和德川家的沟通窗口，片桐赶忙想与德川家修复关系，于是提出了三个解决方案：

一是秀赖出让大坂城，移居他处。

二是淀殿前往江户当人质。

三是秀赖前往江户，服从于幕府。

然而当他将这三个方案提交给淀殿和秀赖后——

淀殿、秀赖：哪一个都不可行好吗!!

斩钉截铁驳回方案后，淀殿和秀赖甚至怀疑片桐是不是打算背叛丰臣家。为求自保，片桐只得逃离大坂城。

而他的这一行为，成了压死骆驼的最后一根稻草。

家康：居然驱逐身为沟通桥梁的片桐，看来你们是铁了心打算和德川家作对呀。现如今连战书都下了，我们也不能含糊。众将听令！速速前往大坂!!

"大坂冬之阵"就此开幕。

在家康的号令之下，大约二十万人的部队集结在了大坂境内（具体人数有争议）。

　　而此刻的丰臣家已经众叛亲离，能依靠的只有"牢人（也作'浪人'）"而已。所谓的"牢人（浪人）"，指的是那些失去了主公的流浪武士，丰臣家大约集结了十万人的兵力（具体人数同样有争议）。

　　战役一经打响，附近的要塞便接连失守，很快大坂城便被德川家的大军所包围。

　　但真田信繁在大坂城的南边建造了要塞"真田丸"。在真田信繁的英勇奋战之下，德川军同样损失惨重。

家康：看看你们这都打的什么仗！丢人！给我用大炮招呼他们！！

　　面对固若金汤的大坂城，家康觉得直接强攻不是办法，于是命人运来国产以及欧洲产的大炮，对着大坂城一阵狂轰滥炸。

　　大坂城遭受了没日没夜的炮击，甚至连淀殿的房间都被击中，淀殿的几名侍女（服侍位高权重者的女性）不幸身亡。

淀殿：快、快议和……赶紧和德川议和！

　　于是两军设置了议和场所。

常高院（淀殿的妹妹）：希望贵方今后放过大坂城内的牢人们，也请不要强求家姐前往江户充当人质。秀赖大人的领地保持不变，即便需要离开大坂城，也希望给予我方所希望的封地。

阿茶局（家康的侧室）：可以呀。但我方也有要求，希望将大坂城二之丸与三之丸（日本城郭建筑的区域[2]）的护城河全都填平……贵方是否接受？

常高院：我方接受。

讲到这里，"大坂之阵"的故事还远远没有结束——

家康：我、我说丰臣啊，不是说好把护城河都填平的吗？你们怎么又开始挖了呢！而且你们没有遣散那些牢人对不对？！听说还雇了更多的人？！什么情况，是又打算开战了吗？！

丰臣家：嗯，我们只是……那什么……（明明想开战的是你们吧！）

家康：如果没有开战的打算，那就把那些个牢人都遣散了，秀赖小弟也请赶紧离开大坂城。

丰臣家：这可办不到。

家康：那就没别的法子了。全体人员向大坂城进军！！

"大坂夏之阵"就此开幕。

战争的硝烟再度燃起。

然而护城河被填平后，单凭防御力趋近于零的大坂城，丰臣家根本没有胜算。

以**丰臣家臣**（大野治长、大野治房、木村重成等）与**大坂五人众**（真田信繁、毛利胜永、后藤基次、明石全登、长宗我部盛亲）为中心的丰臣军决定在城外和德川军决一死战。

但依旧无法阻止敌军前进的脚步。

在德川军的**伊达正宗部队**与**井伊直孝部队**的猛攻之下，丰臣军的主力武将后藤基次、木村重成先后战死。

德川军很快逼近距离大坂城仅数千米的天王寺、冈山一带。

而这里也成了德川家与丰臣家进行最后决战的舞台。

真田信繁：天王寺将德川军引至，把那里作为主战场！

毛利胜永：这期间明石部队包抄敌军后方，前后夹击德川军！

这便是丰臣军想出的起死回生之策。

但还等不及开战信号，前锋部队之间已经发生了枪战。

信繁：太早了！还没到时候！

信繁和胜永试图让友军停火，然而火枪声不但没有减弱，还越发响亮了起来。

最后的决战，以任何人都想象不到的形式展开了。

丰臣军的作战计划化作泡影，信繁和胜永只得破釜沉舟，带领将士们发起了**突袭**。

胜永猛攻并歼灭了德川军的几路部队。

信繁则直冲家康本阵而去，连续三次发动冲锋，险些让家康命丧当场。

但双方的兵力差距实在过大。

无论发动几轮冲锋，信繁都无法突破敌方大军构成的人墙。真田部队的人数不断减少，人困马乏之际只得撤退。随后，信繁亦死在德川军手下。

认识到己方劣势后，胜永带领丰臣军全部人马撤回了大坂城。然而此时的大坂城的防御形同虚设，面对德川军的进攻毫无还手之力。

随后，德川军的内应在大坂城内放火，整座城池熊熊燃烧了起来。

次日，丰臣秀赖与淀殿自杀身亡。

至此，"大阪夏之阵"结束。

此战之后，丰臣家彻底覆灭，德川家的时代来临。

以上便是"大坂之阵"的全部内容。

译注：

①刻于钟上的铭文。

②大坂城（今写作"大阪城"）为"轮郭式"日本城郭建筑，其核心部分的内城被称为"本丸"，而"本丸"之外则有"二之丸""三之丸"这样的多重结构配置，同时还开凿有护城河以强化防御。填平"二之丸""三之丸"的护城河后，大坂城便成了一座仅有内护城河与本丸的裸城。

后记

感谢看到这里。

光是能捧起拙作一读，我就万分荣幸。不仅如此，你还一直看到了《后记》，实在不知该如何表达谢意。

就算你是跳过正篇，直接翻开了《后记》，我还是要对你表示感谢。

在《前言》中我提到过本书强调"13岁"的理由。

虽然希望各种各样的人都能阅读本书，但本书主要还是"希望跟小学生和初中生聊聊战国历史"。

在和本书的日文版编辑袖山商量书名的时候，袖山提供的备选方案中有一个是"如果你现在13岁……"。

为什么当时我一下子就注意到"13岁"这个词了呢？

因为13岁是初中的入学年龄。从此时开始，人际关系会日趋复杂，之前不曾体验过的喜悦、疑惑、成就感、挫败感等诸多情绪会变成生活中的常客……至少当年的我是这样的。

这么说或许有些夸张，但十几岁这个年纪，正是一个人构建自己的人生哲学和自我认知的时候。虽然开始拥有自我意识的岁数可能还会更早，但对我个人来说，这种自我构建是从13岁那会儿开始加速的。

假设这种"自我构建加速期"真是从13岁左右开始的，我的感受应该就没有错。从那一刻起，孩子开始朝着成年人迈进，而这，正是我想要见证的过程。

为了今后的发展，不妨"早一些"了解历史的走向。这种想法化

后记

作"13岁"这一数字，呈现在各位眼前。

写到这里，我突然意识到自己的行为似乎相当"多管闲事"。

但写都写了，干什么都不能半途而废。在本书的最后，我这个多管闲事的大叔仍旧要向十几岁的各位做个总结。

感谢你们阅读本书。我很开心。

或许书中会有一些晦涩难懂的陌生词汇，对此我很抱歉，还请各位自行查阅。我充分相信各位查资料的能力。

再有，书中我曾多次提到"这只是我的个人看法"。没错，很多内容都只是我个人的想法，谈不上"正确答案"，各位读者请按照自己的想法去领会。

不过历史这东西呢，学起来要背的内容很多。像是人名啦，事件名啦，历史术语啦，但凡是教科书中出现的用语，都是非常重要的，可以的话最好都记下来——至少这一点是确凿无误的。

不过如果将人名和事件名割裂开来记忆……那可就相当吃力不讨好，但也不是说单纯将两者联系起来就行了（例如"织田信长死亡的历史事件=本能寺之变"）。

登场人物是谁？

这些人之间发生了什么？

之后他们采取了什么行动？

像这样把握住故事的全貌，才是学习历史的意义。

如果只是为了应试，死记硬背或许相当重要，但如果是希望成年后将历史知识变成自己的工具，就没必要无意义地死记历史用语。

说得极端点就是……比起事件名和人名，"能够清晰讲述事件本质"更为重要。

当然名词和用语也很重要，不过虽然重要，对于你今后的人生来说，更为关键的还是把握历史故事的全貌。

干脆说得更极端点好了：

与其硬背100个不理解的历史术语，还不如去深刻地了解一段历史故事的含义。

肯定是后者对你今后的人生帮助更大。

或许我已经重复很多遍了，学习历史的目的，是为了你"今后"的人生。

请活用你从历史中学到的林林总总，去帮助身边的人。

衷心希望你以及你身边的人，都能拥有幸福美满的人生。

在如今的你眼中，我或许是一个"说话好听的大叔"，但请你不要被我骗了。

我很期待几十年后我老了，你对我说"当年我读过您的书，我想请您喝个酒！"之类的话。再说一遍，我非常期待这样的未来。

到那时，我再和你好好聊聊吧。

真诚感谢各位读者阅读本书。

让我们有缘再见。

房野史典
2020年秋

参考资料

【书籍】

《图说　明智光秀》，柴裕之（编著），戎光祥出版出版。

《信长研究最前线　目前所知的"改革者"真面目》，日本史史料研究会（编），洋泉社出版。

《信长研究最前线2　谜团重重的"改革者"真面目》，日本史史料研究会（监修），渡边大门（编），洋泉社出版。

《秀吉研究最前线　目前所知的"取天下者"真面目》，日本史史料研究会（编），洋泉社出版。

《家康研究最前线　目前所知的"东照神君"真面目》，日本史史料研究会（监修），平野明夫（编），洋泉社出版。

《织田信长　过于笨拙的取天下者》，金子拓（著），河出书房新社出版。

《现代语译　信长公记》，太田牛一（著），中川太古（译），中经出版新人物文库出版。

《德川家康　从地方领主到取天下者（从中世到近世）》，柴裕之（著），平凡社出版。

《德川家康大全》，小和田哲男（著），Longsellers出版社出版。

《明智光秀与本能寺之变》小和田哲男（著），PHP文库出版。

《黑田官兵卫　人为打造的军师形象》，渡边大门（著），讲谈社出版。

《秀吉的虚像与实像》，堀新、井上泰至（著），笠间书院出版。

《颠覆秀吉神话》，藤田达生（著），讲谈社出版。

《统一天下　信长与秀吉缔造的"革命"》，藤田达生（著），中公新书出版。

《信长之城》，千田嘉博（著），岩波书店出版。

《战国诞生　中世日本结束之时》，渡边大门（著），讲谈社出版。

《丰臣政权之法与出兵朝鲜》，三鬼清一郎（著），青史出版出版。

《兵农分离真的存在吗（从中世到近世）》，平井上总（著），平凡社出版。

《关原合战　家康的战略与幕藩体制》，笠谷和比谷（著），讲谈社出版。

《战争日本史17　关原合战与大坂之阵》，笠谷和比谷（著），吉川弘文馆出版。

《新解释　关原合战的真相　被润色的定天下之战》，白峰旬（著），宫带出版社出版。

《关原前夜　西军大名们的战争》，光成准治（著），角川出版。

《阴谋之日本中世史》，吴座勇一（著），角川出版。

《大坂沦陷　战国终焉的舞台》，渡边大门（著），角川出版。

《信玄的战略》，柴辻俊六（著），中央公论新社出版。

《长篠之战　信长的胜因·胜赖的败因》，藤本正行（著），洋泉社出版。

《信长家臣明智光秀》，金子拓（著），平凡社出版。

《历史人　2012年2月号　战国十大合战之谜》，Longsellers出版社出版。

【论文】

《入唐（万历朝鲜战争）期间加藤清正的动向》，中野等（著），九州文化史研究所纪要。

《吹牛高手秀吉·"备中大撤退"考》，服部英雄（著），九州大学附属图书馆九大收藏。

《丰臣七将袭击事件（庆长四年闰三月）并非"武装袭击事件"，而是单纯的"诉讼骚动"：作为虚构故事的丰臣七将袭击事件》，白峰旬（著），史学论丛。